未來的賺錢方式

20年內最熱門的
工作趨勢與跨界商機

坂口孝則──著　吳怡文──譯

前言　當公司比你短命，你該怎麼辦？

未來二十年的賺錢方式

本書選擇了二十個非常具有象徵意義的業界，具體預測他們從二〇一九到二〇三八這二十年間可能的發展趨勢。涵蓋的範圍豐富而多元，從「便利商店」「汽車產業」「能源」「基礎建設」「音樂」「太空」，延伸到「AI」「臨終商機」「教主商機」等，目次中有清楚的條列。

全書主要有下列特色：

- 根據統計資料和數據來撰寫。
- 數據的來源，盡量採用任何人都可以獲得的資訊。
- 每年選擇一個業界，範圍越廣越好。

我盡可能針對每一年，列出數據資料可能代表的訊息、各個業界的發展方向、未來可能暢銷的商品，以及商業上的各種機會。

這本書是爲所有的商務人士寫的。現在，幾乎所有商務人士都必須站在未來的趨勢上去思考，因爲大家很可能會離開目前的業界，投入其他行業，或是連整個公司的業務型態都跟著轉換。從這個角度來看，接觸各種業界的資訊，變得意義更加重大。

此外，現在所有商務人士都必須具備企畫力，不可能照本宣科就能完成工作、達成目標。接下來到底哪個領域會有商機，不管你是一介普通業務，或只是個會計人員，都不得不關心這個問題。

本書盡量依照數據來說明各個業界的發展趨勢，並且盡可能的標明出處，方便讀者進行驗證。我解讀成A的事，或許也可能解讀成完全不同的B。建議大家最好針對自己關心的業界，進一步蒐集相關的資訊，自行驗證思考。

人生百年時代的個人生涯規畫

說到未來預測，大致會有兩種類型，一是「空中飛車在街上來回穿梭」，一是「賀年卡在往後十年內將越發減少」。前者是戲劇性的描繪日益改變的現代社會，後者則是描繪實際但平凡的變化。

我們可以試著將這些預測套用在自己工作上。激進預測會打破既有觀念，但比較難想像要如何落實在實務上，但只有後者又非常乏味。因此本書努力平衡兩者，既能應用在實務上，也能當成有趣的讀物看待。

過去，我因為工作需要，必須蒐集、分析各種企業的資訊。後來因緣際會，我開始上媒體，在短時間內發表自己的分析結果。由於業務上的需求，我認識、採訪了許多業界人士，每天大量的閱讀，而本書就是這些經歷的結晶。

我認為，今後的時代特徵，可以用以下幾個關鍵句來思考，而這也使我們必須具備自己所屬業界之外的知識——這也正是本書的意義，以及我撰寫的理由。

①人生百年，企業十年

未來人們將活到百歲，企業組織的壽命卻只有短短十年。當一個職業的壽命比人的壽命短的時候，商務人士勢必得學會多種技能。

當然，人類與企業的壽命是否剛好為一百年和十年，並不是那麼重要，重要的是俯瞰整個世界，洞燭未來可能繼續成長或衰退的領域，然後規畫自己的人生布局與戰略。

雖說一〇〇年÷一〇年＝一〇，但要打造十個專業領域或許有點困難。不過，只要擁有複數個不同領域的知識，在技能上就有加乘的效果。而且，我們正處於不能只待在一家公司，而是必須參與眾多社群，吸收各種不同想法的年代。因此，除了現在所屬的業界，也必須積極蒐集其他業界的資訊。

②但求不輸的態度

有一陣子很流行「精實創業」，簡單來說，就是把尚未完成的商品丟到市場上，聽取客戶意見再逐步改善，這種態度也可稱爲測試版主義。

然而，當投入市場的企業越來越多之後，草率推出的商品未必能順利發展，也得不到客戶的回饋，甚至連撤退都只能以這樣的速度不斷重複。不知不覺間，用在刀口上的多動力（由日本企業家崛江貴文提出，能同步完成多項不同目標的能力，請參照《多動力就是你的富能力》），和且戰且走的致勝力，變得分外重要。

不過，既然要發揮多動力，就應該徹底研究要參與競爭領域的相關資料，根據假設預測未來，看準方向前進。只要不和時代潮流背道而馳，至少就會有回響，努力也相對容易獲得回報。

開創新事業時，「運用既有技術」或「開發全新技術」是一個面向，「進攻舊有業界」或「進攻全新業界」是另一個面向。最好的組合，當然是「運用既有技術」去「進攻全新業界」。越成熟的產業越難創新，新技術帶來顛覆的可能性就越高。從這個觀點來看，其他產業的動向，很可能成爲新商機的創意源頭。

當然，這樣的態度，並不能創造出從〇到一、徹底改變世界的東西，或是那種用絕大熱情服務客戶、掌握新需求的全新服務業。從某個角度來說，這或許是一種「無趣的態度」。但對務實者或一般人而言，經營管理或商業是一場只求不輸的遊戲，這種態度就變得非常重要了。

③把目標設定在：「不知道算哪一行」的工作

不過，跨領域的知識不只可以成爲「無趣的」賺錢方式，未來的價值應該也是由這些沒有清楚職場定位的人所創造出來的。

我擔任顧問時，曾有人很直接的對我說：「我不會相信那些故意用外文表示職稱的人。」他的意思是，如果從字面上無法立刻知道那個人是做什麼的，就會覺得對方很可疑。

我沒有任何執照，也不想考任何執照，因爲不知道爲什麼非有執照不可，只是從結果來看，我無法被歸類到價格表上。對企業來說，若有人自稱是輔導中小企業經營的「中小企業診斷士」、處理勞動與社會保險的「社會保險勞務士」、代理製作提交給政府機關文件的「行政書士」，大概就知道該付對方多少費用。

不過，價格表什麼的，只是枝微末節。在知識越來越多樣化的世界，換個說法就是「複雜系」的世界，橫貫、跨越、融合不同的領域，絕對是必要的。看看我們周圍就知道，現在領導社會趨勢的人做的是哪一種職業？事實上，沒有一個職稱可以涵蓋他們的工作。

他們可能是科學家，又兼經營者和藝術家；可能身爲攝影師、顧問，又同時擔任街頭藝人；或是當上班族，又畫漫畫，並在媒體上針對社會現狀發表言論……這樣的例子不勝枚舉。用感性來談論科技、邊旅行邊述說世界的眞實經濟狀況，現在需要的正是這種複合型的知識。

因爲世界已經不能用死板而單一的知識來解釋。不管是創造新商品，還是開啓新事業，都需要異質性的觀點。或許可以說，我們的目標就是「不知道算哪一行」的工作。

未來二十年，我選擇了二十個業界來陳述。我由衷希望，本書不只能滿足大家的好奇心，更能成爲一個起點，讓讀者進入這個持續變化的世界，透過批判性的思考，找到未來的賺錢與競爭方式。

目次 Contents

二〇一九年

7-ELEVEN 進駐沖繩，三大便利商店稱霸日本

便利商店趨向飽和，便利商店郵局已然成形

P	Politics 政治	透過行政制度，展開對應購物難民問題的政策，持續加速支援民間企業的經費補助與輔導。
E	Economy 經濟	便利商店稱霸日本四十七個都道府縣行政區。市場需求停滯，既有店家的顧客人數與營業額有減少的傾向。另一方面，在家用餐的趨勢逐漸成形，在便利商店購買熟食的女性顧客及銀髮族不斷增加，此部分未來會繼續成長。
S	Society 社會	單身戶不斷增加，但大家庭持續減少。
T	Technology 技術	透過全通路零售（Omni-Channel），打造與消費者間的無縫接觸管道，發展出商店訂貨→自家取貨、網路下單→店家店取貨等各種不同模式。

變化特徵

便利商店已於日本全國各地完成展店，呈現市場飽和狀態。特別是既有店鋪的業績成長，更是出現停頓。女性和銀髮族對便利商店而言是新客層，因此針對這些客層開發商品，即使是連鎖商店，也要能展現各店的地方特色。

此外，銀髮族中無法自行購物的購物難民問題（因區域人口密度過低，商店紛紛關閉，或因自身年齡漸長、行動範圍受限，以致難以購買食物與生活必需品的民眾）快速增加，因此便利商店也希望能取代當地郵局，發展「家務協力事業」（接受高齡者委託，代為進行打掃、垃圾清運、家電修理等服務），力求生存。

便利商店誕生的歷史必然性與極限

日本人的住家被稱爲「兔子窩」。這個字眼來自歐盟一九七九年提出的非正式報告《對日經濟戰略報告書》。不過，所謂兔子窩並非鄙視的措辭，也不是因爲空間狹小才如此形容，它指的是使用於日常生活的家具過於簡陋。

我覺得很有趣的一點是，日本人在某種意義之下，自虐的使用「兔子窩」這個字眼，雖然被外國這樣嘲笑、描述，卻自認這也表示別國因而認識自己，也算是另類的肯定。

奇妙的是，當我獨自住在寬敞的飯店時，的確會覺得很不自在。而且，現在減築（配合實際生活狀況，透過改建來縮小居家空間）蔚為風潮，就算擁有大片土地，也很少人會搭建像歐美國家那種豪華宅邸。我認為應該是日本人自己選擇過這種極簡生活的。

日本建築師黑川紀章曾說，日本人之所以會在車內擺放布偶，把車子當成住家空間使用，是因為將汽車視為第二個居住空間，人們藉由開車到澡堂或商店去，和整個城鎮共同生活。就算把家的生活空間極小化，只要增加與外界的接觸點，就能擴大生活範圍。

從這個觀點來看，提供各色商品的便利商店會出現在不需要開車的鄰近社區，甚至迅速蔓延到日本全國，誠屬理所當然。便利商店的起源有三種說法：大阪的全家便利商店（一九六九年）、Coco Store（一九七一年），以及7-ELEVEN（一九七四年）。不論何種說法，他們商店型態同樣的特色都是足以媲美超級市場、「小而美」，以及可以一站購足各色商品。順帶一提，日本第一家7-ELEVEN開張後，最暢銷的商品是連店長也感到意外的太陽眼鏡，這件事也具有非常高的象徵意義。

但是，便利商店的便利性也因為競爭激烈與展店過多而面臨極限。

便利商店終於飽和了嗎？

二〇一九年，7-ELEVEN進駐沖繩。至此，日本三大便利商店（7-ELEVEN、LAWSON、全家超商）在四十七個都道府縣行政區皆設有分店。便利商店近在咫尺，所以非常方便，而不斷打破「〇萬店便達飽和」的說法。相繼突破「三萬家便達飽和」「四萬家便達飽和」，便利商店持續成長突破五萬家店之後，發展的腳步開始遲緩。

現在，便利商店的數量已有五萬五千三百家（截至二〇一七年十二月為止），而日本全國戶數為五千三百四十四萬八千六百八十五戶（根據二〇一五年的《國勢調查》）。雖然兩者的調查時間有些許差異，但大致來說，每九百七十戶便有一家便利商店。

這可說是數量非常多。首先，我們來比較營業額。下頁圖表將隸屬日本連鎖商店協會的「超市」，與隸屬日本加盟連鎖店協會的「便利商店」兩者的營業額相比較，業界普遍認為十三兆日圓是一個關卡，超市無法突破十三兆日圓，成長停滯；相對於此，便利商店雖然成長腳步緩慢，但營業額已接近超市。

但是，日本總人口數並沒有增加，反而減少。各家公司相互爭奪市場大餅，競爭十分激烈。我們再來看看既有店家年成長率的變化。

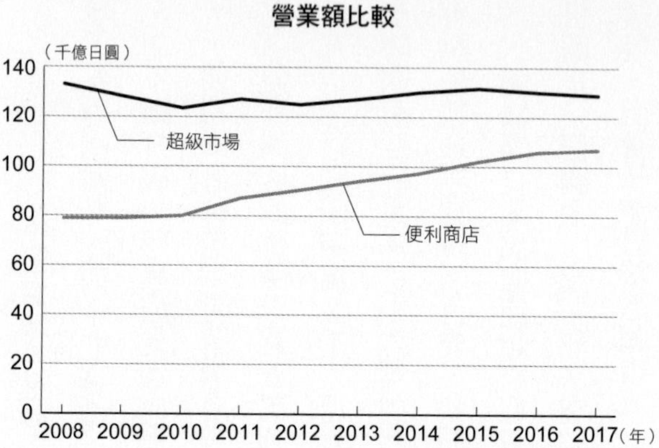

資料來源：日本加盟連鎖店協會

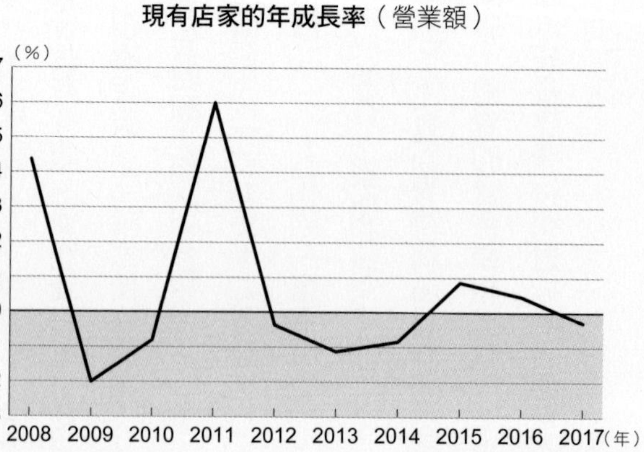

資料來源：日本加盟連鎖店協會

現有店家的年成長率（來店人次）

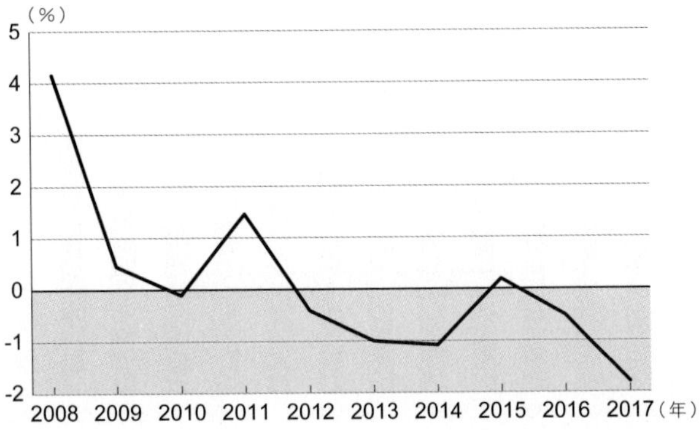

資料來源：日本加盟連鎖店協會

從資料得知，營業額呈現緩慢成長。雖然業者想藉由增開新店家來提高營業額，但既有店家的營業額不是出現赤字，就是持續低度成長。另外，我們也來看看既有店家的來店人次。

根據圖表可以發現便利商店因爲增加了扮演強心劑的新商品與來自其他業種的商品販賣種類，客單價總算有所成長，但既有店家的來店人次似乎沒有增加。

單身戶數的增加與便利商店的關係

根據二十二頁的資料顯示，便利商店在發展過程中，確實因應單身戶數的成長而增加展店數目，雖然日本人口不斷減少，卻因單身戶數增加，小份量商品的需求也跟著增加了。

便利商店的登錄件數與單身戶數的變化

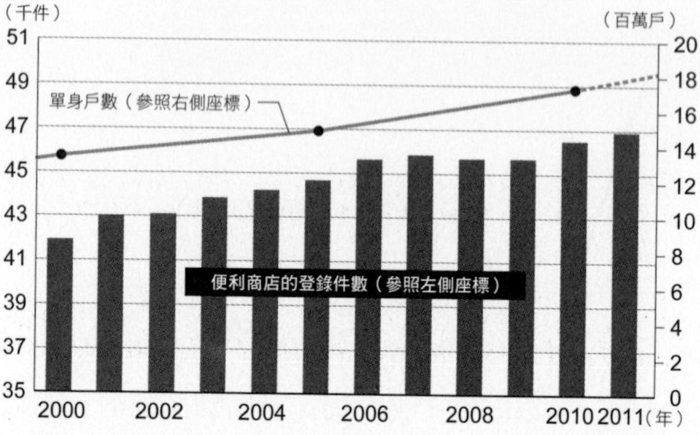

資料來源：〈依職業分類之電話簿〉（NTT東日本、NTT西日本）、《國勢調查》（總務省）2000年、2005年、2010年

但是，根據二十三頁的資料，日本總務省（同臺灣內政部）估計，戶數成長已經到達巔峰，對便利商店來說，嚴峻的考驗已經來到。

便利商店提出的對策

根據7＆I控股公司（日本大型零售、流通事業控股公司，擁有7-ELEVEN、伊藤洋華堂、SOGO、西武百貨等公司）二〇一七年二月的法人說明會資料（經營方針），便利商店消費者的比例出現巨幅變化。大約十年內，女性消費者比例增加五％，半數消費者皆爲女性。

除了女性之外，高齡消費者的成長也極爲顯著，因此酒類與雜誌的銷售大幅衰退。另一方面，高齡者與女性消費要買回家食用的冷凍食品及店內

總人口數與一般戶數

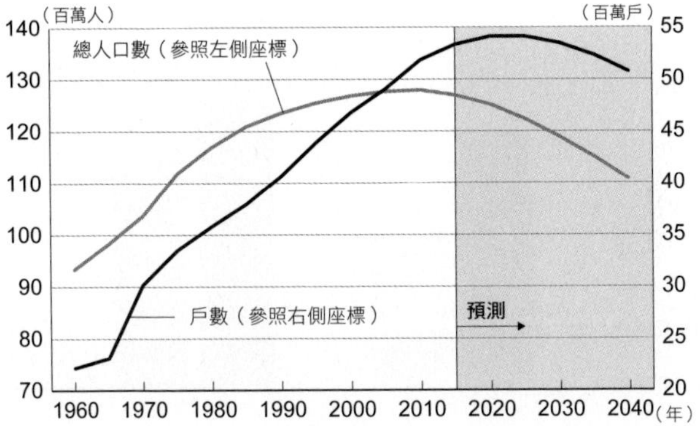

資料來源：總務省、預測值為國立社會保障／人口問題研究所的優勢預測

的即食商品，需求量大幅提升。

大部分便利商店都少不了女性與銀髮族這兩類客層。未來出現的商品和服務，勢必也將以他們爲主要販售對象。

除此之外，經常可以看到便利商店的入口附近設有雜誌區。因爲訴求讓路過行人的目光能看到站著閱讀的消費者。但是，這樣的做法以現在來說未必正確。設計新店鋪時，並不會在入口附近設置雜誌區，而是選擇擴大用餐區。由此可見便利商店希望能吸引想要在店內食用餐點的消費者，而非想要閱讀雜誌的人。有些店家也會大膽的將冷凍食品櫃設置在入口附近，強調飲食的便利性。

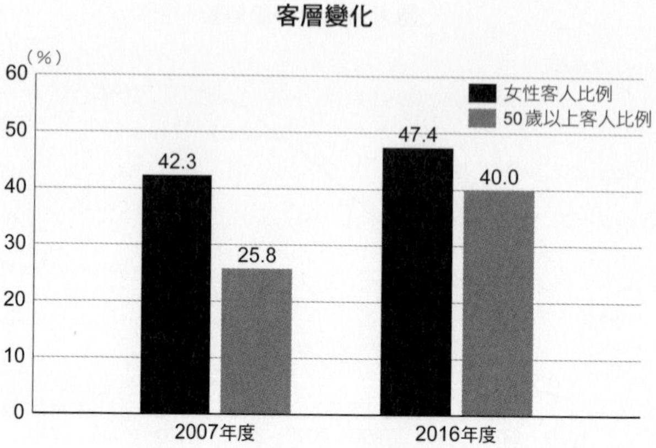

便利商店與購物弱勢者問題

當然，並非便利商店的功能已經畫下句點，便利商店遍布日本全國各地，無疑是最強的零售商店。因區域人口密度不斷降低所形成的問題，就是購物弱勢。購物弱勢以高齡者爲主，指的是對食材購買與用餐感到不便或辛勞的族群。若是沒有汽車等交通工具，或是不會開車，就無法購物。

因此，農林水產省（同臺灣農委會）展開調查。根據以下都市的定義：「大型都市：政令指定都市（日本政府指定，人口超過五十萬的都市）與東京二十三區」「中型都市：人口五萬人以上的都市（大都市除外）」「小都市：人口不到五萬人的都市」，越小的都市，越需要相關的對策來協助。

馬上可以想到的對策是，爲購物弱勢者提供配送

需要對策的市町村數

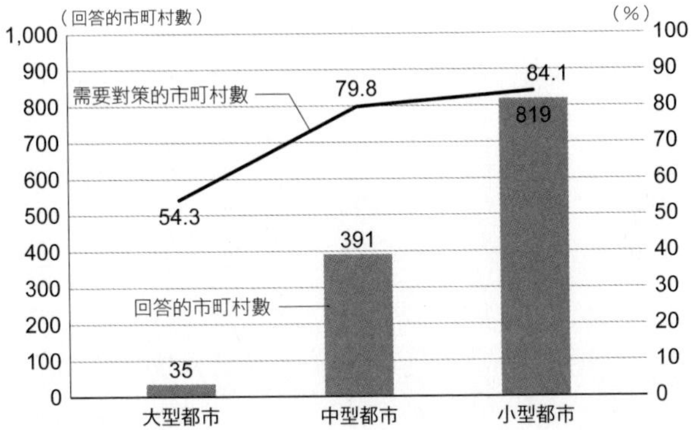

服務，若再考慮到單身戶與銀髮族的增加，還必須縮小商品份量。當然，不能光是對日本全國消費者提供大量商品，各家公司已竭盡全力發展自有品牌，並大量增加地區限定商品。未來，地區限定商品的比例應該會增加到所有商品的一半，各家門市在思考地區特性後，會仔細採購商品。過去，曾有人擔心便利商店會對在地文化造成傷害，但現況可說是完全相反。

從POS系統的影響到家務協力

便利商店已經成爲調查日本實際消費狀況的實驗場。不管是採用POS系統（Point of Sale的縮寫，詳細記錄每一筆銷售商品的資料，並傳輸到後台，作為銷售分析之用），還是在商品上印製條碼的做法，都始於便利商店。過去，商品的進貨數量與時間點都全靠個人的直覺、經驗、膽量來決定。然而在便利商店，只要針對三千～三千五百個品項，確認什麼人在什麼時候買了多少數量、什麼商品，就可以有效率的採購。

一九八二年，7-ELEVEN率先引進POS系統。對追求「絕對性」的7-ELEVEN來說，除了找出銷售趨勢，POS系統也是檢驗何種販售方式最有效的武器。當時的資料便詳細描述了使用者如何分析POS系統的資料，找出商品滯銷的原因。

根據寫於日本便利商店黎明期的報導，顯然較先發展便利店的美國，腳步反而更慢。美國地價低廉，若想增加庫存品，完全無須猶豫。相對的，日本便利商店從地價昂貴的市中心開始發展，必須對庫存數量保持高度敏銳。

日本希望竭盡所能提升效率到極致，搭配上日本製造業優化的作業程序，專精發展以下技能：在最佳時間點進貨、提升商品品質、強化商品種類，且不斷成長，到最後日本終於併購了美國的7-ELEVEN。

日本人是會在生活圈內移動的民族，如果他們將居住空間極小化，然後把便利商店當成冰箱和倉庫來使用，便利商店發展就會接近飽和。說個題外話，過去「黑貓宅急便」創辦人小倉昌男在斟酌服務據點的數量時，算出了「一二〇〇」這個數字。這是日本警察署的數量，換句話說，若以一個據點可以負責的範圍來計算，日本全國大概需要一千兩百家店。

現在日本的便利商店數量接近六萬家，必須發展出相應於這個數字的新角色，比方說，便利商店不再是「讓消費者移動前往」的地方，而是「主動接近消費者」。一如黑川紀章先生的論點，便利商店被期待成爲日本人移動的目的地。但是，日本人的移動能力逐漸下滑，所以，便利商店可以當成是日本基礎建設的一環，能發揮協助購物難民的功能。

互聯網高度發展之後，家裡的各項裝置可以和網路保持連線。如此一來，家庭應該會免費收到商人爲賺取消費者日後購買食物的費用所送出的冰箱，只要商家收到冰箱飲料減少的資料，便可以透過附近便利商店的配送自動補充。而便利商店不僅可以利用這份利潤來支付冷藏成本，也可以藉此對消費者提案健康菜單，這樣的機制堪稱是家務支援二・〇的商業雛形。

二〇一九年發生的變化

・便利商店數量極可能達到飽和

必須思考的事

・大量販售同一品項模式結束後的全新商機

這種東西會暢銷

- 針對銀髮族的商品代購及配送服務
- 針對地方鄉鎮特別設計的家務服務
- 地方鄉鎮的原創商品

賺錢方式

便利商店提供新型家務協力，一心追求便利性

從過去到現在，便利商店橫跨所有業界，不斷成長。從取代酒品專賣店開始，接著是便當店、書店、日用品店、郵局和超級市場。便利商店還擁有咖啡店和甜甜圈店的特色，也設置了用餐區，希望能取代家庭餐廳，同時也扮演網路購物的取件據點。除此之外，便利商店也是人們躲避跟蹤狂的地方，扮演保護機構的角色。一年保護的女性、兒童和高齡者，總計超過兩萬人。

未來，便利商店會扮演什麼角色？

便利商店的魅力在於即時性。消費者可以很快的前往、迅速選擇商品，然後又快速回

家。所以，這樣的便利性並不會消失。我認爲便利商店已經成爲基礎建設，其未來策略可分爲三類：第一種是新型家務協力，第二種是非同步對應服務，第三是徹底多樣化。

一、新型家務協力：隨著高齡化的發展，前述的購物難民不斷增加，便利商店開始將商品送到銀髮族跟前。而且，不光只是運送，如果可以和銀髮族簡單聊上兩句，便可知道他們的需求。臉書或Google雖然擁有刊登在網路上的各種個人資料，但世界上還是有大量沒有使用網路者的資料。便利商店可以蒐集這些非網路使用者的資訊，利用這些資訊打造出下一項服務。

此外，便利商店也可扮演中介點，提供服務讓獨居銀髮族彼此連結。事實上，在大型超市，爲了打造銀髮族的休息場所，店內還擺放了象棋與圍棋，或許也可以爲他們介紹攜手走完人生的伴侶。

若運送商品的便利商店店員說，「下次我們會辦這個活動，您要不要來看看」，邀請客人參加銀髮族交流活動，他們應該會不好意思拒絕。更甚者，便利商店也可以幫忙籌辦喪禮。

二、大衆的非同步對應服務：不用說，便利商店基本上是二十四小時營業，現在便利商店已經成爲取件、配送包裹的據點。現代的生活型態非常多樣，人們有各自的生活節奏和步調，送貨者很難配合收件人在家的時間配送。這個時候，就可以把「二十四小時全天候營業」當成一個強項，隨時都可以送件、取件，拓展出快遞櫃的服務。

黑川紀章先生曾經預言，人類會透過移動創造出新的價値。現在人們自由自在的旅行或爲了工作來往世界各地，都很理所當然。因此，民宿登場了，而便利商店則可以擔任轉交鑰匙的中間人。

便利商店可以爲無法在銀行營業時間繳付水電費的人，扮演繳費據點，亦可針對無法在售票系統營業時間購買票券的人，販售各式票券，還可以代替行政單位，列印出由地方政府發行的印鑑登錄或居民證副本等文件。下一步，應該是可以在選舉時代讓民衆投票了。

便利商店因爲家庭外部化（家庭的部分功能被轉移到都市等家庭以外的地方）而不斷成長，店內準備了大量飲料和食材，便是冰箱的外部化；供應家常菜和便當也堪稱是廚房的外部化；保險箱的角色則由便利商店的自動提款機擔任。

三、更加徹底的多樣化對應：爲了因應客人多樣性的喜好，便利商店進一步提高便利性，因此店裡擺放了各式各樣的便當和食材。不過，對每天都在便利商店購物的重度使用者來說，前往店家的同時，也會希望店內提供最適合他們的便當。

此外，便利商店也會標示便當的熱量。不過，我常常想熱量怎麼會有五百大卡這麼多呢？希望店家可以減少飯的份量。相反的，有時也會希望能再多加一道菜。

現在，便利商店的便當都是在中央廚房或工廠烹調，再送到各家門市。如果要更講究，門市裡也可以設置食物的3D列印機，針對不同需求，製作出客製化的便當。若能將食譜網站cookpad當天最受歡迎的人氣料理做成便當，我也會買單。

說到這裡，便利商店爲什麼不週一到週五每天提供不同的便當呢？如果能夠針對營養素、喜好、熱量，提出具體方案，我可以永遠都買便利商店的便當。

爲了永續經營，不斷提升自身的便利性，已成了便利商店的宿命。

二〇二〇年

自動駕駛車開始上路，汽車產業面臨轉型

自動駕駛象徵了汽車產業的發展巔峰，從硬體邁向服務化的過程

P	Politics 政治	在經濟產業省的主導下，推行的自動駕駛實用化已經起步。部分自動駕駛汽車開始可以在高速公路或一般道路上行駛。
E	Economy 經濟	因全球各地擁有的汽車數量逐漸呈現飽和，各家汽車公司開始著手服務事業。提供汽車共享服務的經營者增加。
S	Society 社會	社會文化上從擁有汽車，發展成有需要時才使用汽車。大家變得較不重視汽車設計。相較於汽車公司的品牌，服務提供者的品牌更加重要。
T	Technology 技術	自動駕駛技術不斷發展，偵測技術、連結智慧型手機等多功能技術持續進化。

變化特徵

自動駕駛車將於二〇二〇年正式上路。思考自動駕駛和汽車共享服務的合作，可以發展出各式各樣的運用，因此各家公司均如火如荼的著手開發。此外，全球汽車公司都面臨了新車銷售的極限，商業模式必須從販賣硬體，大幅度轉換爲販售軟體。

汽車的誕生與發展巔峰

一八八〇年代，卡爾・賓士（Karl Friedrich Benz）和戈特利布・戴姆勒（Gottlieb Wilhelm Daimler）在德國設計、開發出現代汽車的原型。四輪汽車誕生於一八八六年，過了一百三十年後，汽車在法國的富裕階層開始流行，而非德國，之後法國的貿易公司又擴大了這股風潮。在法國，到處都有馬車的零件供應商，爲汽車產業的蓬勃提供一臂之力。

又過了幾年（但大約在同一時期），美國也開始開發汽車。就連美國前總統歐巴馬也曾誤解的說：「發明汽車的國家，無法捨棄汽車（工業）。」汽車成了在美國廣大國土上移動的工具，因而需求量大增，社會現況與生活模式都以汽車爲中心。詩人濟慈在《無禮的汽車》中，以和汽車陷入熱戀並結婚，來隱喻汽車在美國人生活中不可或缺的狀態。

而這樣的婚姻生活也孕育出各式各樣的孩子。一九〇八年，福特公司開始販售福特T型車，透過傳送帶的大量生產、低廉的價格與分期付款，規模迅速擴張。在這個過程中，也開發出工廠作業員詳細分工、追求效率等在現代被視爲理所當然的管理方式。一九二〇年，馬車製造公司老闆威廉·杜蘭特（William Durant）成立了通用汽車公司，因製造汽車而開始蓬勃發展，後來便和沃爾特·克萊斯勒（Walter Chrysler）聯手打造出美國汽車的黃金時代。

在那之後，汽車產業也來到日本，創造出豐田、日產、本田等現代大企業。一九五〇年代，豐田汽車仿照福特公司，打造了獨立的生產系統，製造出低價格、高品質的產品，而本田汽車則是在一九七〇年代，通過當時最嚴格的環境標準——馬斯基法案（美國參議員馬斯基於一九七〇年提出的《大氣污染防治法》），成功開發出全新引擎，並藉由這項具環保功能的產品，爲公司打造出快速發展的基礎。

美國汽車公司在經歷一番曲折後，開始向全球拓展，當時許多企業都相繼加入，汽車工業發展成美國最大的產業。汽車是由無數零件組成的，因爲下游產業牽涉較廣而備受注目。現在日本的汽車相關企業約有五百五十萬名員工，接近總勞動人口的一〇%，出貨金額約占製造業的兩成。

一開始，汽車的時速僅是十六公里。二十世紀初，只要一跑就會故障的汽車偶爾會被寫進歌詞中。到了二〇二〇年，全球已經開始投入製造自動駕駛汽車。自動駕駛被視爲決定今後命運的王牌，在全球自駕車市場不斷擴大的過程中，各家公司莫不在這項自汽車發明以來、最大規模的技術革新上，相互較勁。因爲擁有自動駕駛技術，不僅可以發展出各種不同的運用，若能成爲業界標準，甚至可以統御全球的汽車產業。

自動駕駛象徵了汽車產業的發展巔峰，往後應該會開始緩慢衰退。

日本汽車業界的焦慮

日本年輕人不斷大聲疾呼要遠離汽車，此外，也有越來越多高齡駕駛者引發的交通事故被視爲社會問題所報導，部分人士甚至要求強制高齡者繳回駕照。過去人們會說，「總有一天要開Crown」（豐田汽車於一九八〇年代為Crown車款所使用的廣告文案），當時豐田汽車是民衆增加收入後，夢想購買的汽車，但現在大家並不會說「總有一天要開Lexus」，而是說「總有一天要用高規格智慧型手機」。

以前，汽車產業曾有「一億人口當地生產」的說法。意思是，在人口數量超過一億的國家，便可以張羅所有汽車相關零件，在美國、中國、印度與歐盟便是如此。日本向來是僅

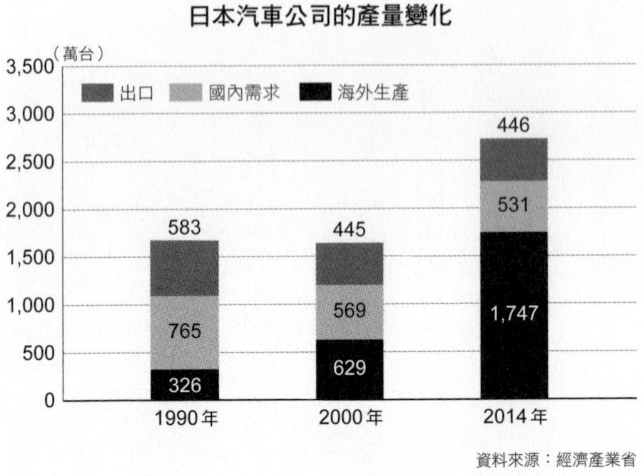

次於美國的汽車大國，榮耀無比，然而，當我們觀察從一九九〇年往後二十年的變化時，會發現日本國內銷售數量從七百六十五萬台嚴重衰退到五百萬台。

除了國內銷售低迷，想要賺取外匯的出口也非常低迷。雖然海外的生產規模不斷擴大，但競爭也非常激烈。特斯拉等新興勢力的興起，IT企業Google等來自不同領域的進攻，都讓日本的汽車公司感受到強烈的危機。

如果不把汽車當作汽車，而單純設想為實現人類移動的工具，就會覺得我們不需要具有操縱引擎的熟練技術，車子只要靠著電動馬達驅動即可，也可以採用GPS和AI等駕駛輔助（相較於真正的導航系統，Google Map應該比較好用吧！）。國外廠商或許會一口氣改寫整個業界的勢力版圖，特別

四輪車出口台數

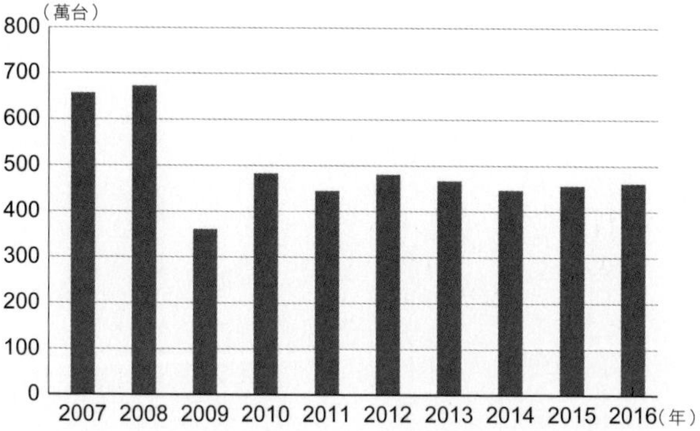

資料來源：一般社團法人日本汽車工會

是自動駕駛車，不僅可以用於宅配、協助購物難民，也可以在災害時配送物資，或是搬運工廠內的材料。如果在這場戰役中打了敗仗，汽車產業與旗下企業勢必會受到巨大影響。

自動駕駛的等級

雖名為自動駕駛，但還是分了幾個等級，其定義因國家和企業的不同而有些許差異，在此，我採用的是日本經濟產業省（同臺灣經濟部）的定義。

- 第一級：「駕駛輔助／系統」輔助前、後、左、右任一方向與車輛控制有關的駕駛工作
- 第二級：「部分自動駕駛／系統」輔助前後、左右與車輛控制有關的駕駛工作

・第三級：「有條件的自動駕駛／系統」執行所有駕駛工作。對於系統的介入要求，駕駛人須隨時準備好，並適當回應

・第四級：「高度自動駕駛化／系統」執行所有駕駛工作。需要處理狀況時，系統不會等待駕駛人的回應

經濟產業省把目標放在舉辦東京奧運的二〇二〇年。政府希望可以「在二〇二〇年前，在高速公路上，由駕駛人監視所有與安全駕駛有關的操作，以隨時都能進行駕駛為前提，做到可自動加、減速，或更換車道的第二級」「在一般道路，二〇二〇年在國道與主要地方道路實現第二級的直線前進」。

我曾說過為了擺脫舊有概念，要把汽車當成一種移動工具。的確，第三級以上的車子，已經不能說是傳統汽車了。極具象徵意義的是，福斯汽車公司成立了行動服務公司，與IBM合作，從硬體到派車和配送，都卯足全力的發展。而且，讓人印象深刻的是公司成立時便宣示「將來，或許就不是每個人都擁有汽車的時代了」。

移動服務的時代

根據波士頓顧問公司的報告，二〇三五年的世界汽車販售台數中，第四和第五級自駕車將占二三％。自動駕駛（包含偵測技術在內）享受了先行者優勢的同時，也是一把雙刃劍。如果在需要用車時呼叫汽車，自動駕駛車就會馬上開過來，汽車的銷售台數肯定會大幅減少。現在，Uber的汽車共享服務逐漸盛行，它在二〇〇九年成立，目前估市值約八兆日圓，已遠遠超過本田汽車。

如果一天之中，汽車有九五％的時間都停在停車場，對住在都市的人來說，擁有汽車就變得沒什麼意義。事實上，英國巴克萊銀行便指出，將來新車的銷售台數會減少四〇％。

汽車共享服務企業本應是汽車公司的敵人，汽車公司之所以會和它合作，是因爲它們在尋找服務領域的商業機會，而非汽車硬體的商機。除了前述的福斯汽車公司，Uber和豐田汽車，Lyft（來福車）和通用汽車也分別發表合作計畫。我們必須以這樣的邏輯來解讀自動駕駛的開發。

小客車擁有台數（日本）

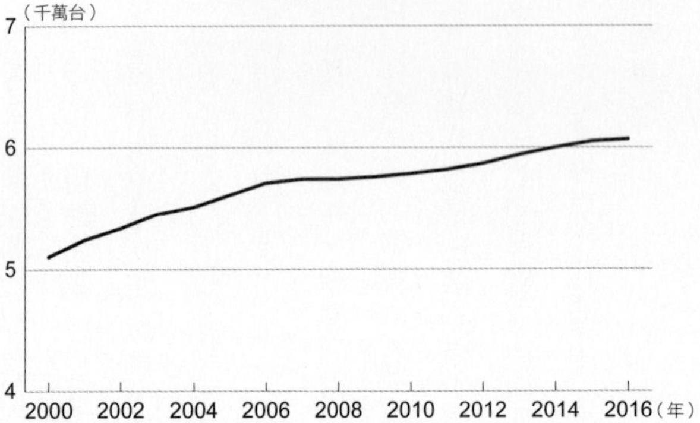

汽車產業邁向全球性飽和

除此之外，讓所有汽車公司感到焦慮的是，近年汽車的硬體發展已面臨飽和。以擁有台數（非銷售台數）來說，日本約有六千萬台小客車（六〇八三萬一八九二台），這個數字居高不下。假設日本人口約一億兩千萬人，一個人約有〇．五台汽車。

若人口持續增加，汽車擁有台數應該也會增加，但是現在人口顯然不會快速增加，或者應該說，因爲預計人口會減少，所以在日本的汽車擁有台數應該會緩慢下降。這不單是日本的特徵，如G7各國等已開發國家，也一樣停在〇．五台，這已是偏高的數值。

根據一般社團法人汽車檢查登錄資訊協會所公布的資料，小客車的平均使用年數爲十二．七六年。將前述的實際擁有台數六〇八三萬一八九二台÷十二．

各國平均每人所擁有的汽車台數

	擁有台數（台）	人口（千人）	平均每人所擁有台數（台）
美國	126,013,540	322,180	0.391127755
德國	45,071,209	81,915	0.550219239
英國	33,542,448	65,789	0.509848881
法國	32,000,000	64,721	0.494429938
義大利	37,351,233	59,430	0.628491217
加拿大	22,067,778	36,290	0.608095288
中國	135,119,000	1,403,500	0.096272889
印度	30,570,000	1,324,171	0.023086142

資料來源：一般社團法人日本汽車工會、聯合國

七六後，所得到的答案是四七六萬七三九〇，這個數字和日本銷售量約五百萬台的數字一致。

問題是新興國家的汽車數量也即將達到飽和。往後，中國約在二〇二五年，非洲約在二〇三〇年，汽車擁有台數會達到一人〇．五台。以新車銷售為前提的商業模式確實會面臨瓶頸。當然，擴大日本國內需求的減稅政策並非沒有意義，但在強勁的趨勢面前，只算是微不足道的抵抗。

過去搭飛機時，我們會說「搭乘波音的飛機」，但現在我們會說「搭乘JAL的飛機」。換句話說，人們的重點從「硬體」提供者，轉移到「服務」提供者的品牌。搭汽車的說法也從「搭豐田的車」變成「搭Uber的車」。以前，當大家從市內電話改用智慧型手機時，最大好處就在於隨時可以講電話，汽車的價值應該也是隨時都可搭乘。一如主角從電信公司轉

變爲ＩＴ企業一般，提供服務的企業很可能會變成舞台的主角。

各家汽車公司的策略

剛剛介紹了自動駕駛技術逐漸成熟，以及開發偵測技術。許多汽車公司看似矛盾的和服務提供業者合作，各家公司都以在高速公路上達到第四級自動駕駛爲目標，同時，在停車場等限定場所的自動停車技術也已成熟。

要達成自動駕駛，還必須解決現行《道路交通法》的相關規定。在自動駕駛時，發生了事故，該由誰負責？認定肇事責任時，應該隨著自動駕駛的等級而改變嗎？賠償制度又該如何制訂？使用者、汽車公司與服務提供業者必須一起討論，發生事故時，民事責任該如何歸屬？

同時，除了自動駕駛之外，業界也致力發展附加價值的服務。

其中包括將汽車蒐集到的大數據與整個交通系統合作，確認ＡＩ應用於汽車行駛模式，以及提高安全性的測試。此外，爲了解決卡車司機不足的問題，也展開了三台卡車列隊中只有第一台車子由人駕駛，其他兩台採自動駕駛的實驗。

此外，還有為了因應未來可望持續增加的網路購物趨勢而配合的自駕宅配，亦即所謂的「最後一哩路」對策，到達各配送點附近後，用戶再自行從卡車取貨。以及，也在研議從離家最近的車站將高齡者送回家的接送服務。

自動駕駛技術並非汽車產業復活的象徵，它可以運用在輪椅技術等各種不同的領域。如果可以讓警車以自駕的模式在街上巡邏，應該可以取代警察的工作。

駕駛樂趣可以被捨棄嗎？

最初，設計汽車時，駕駛人並沒有被車殼包覆其中，一直到一九二〇年代才開始販售有車頂的封閉型車輛。在這樣的設計下，不管天氣好壞，都可以駕駛汽車出門。如果第四級以上的自動駕駛可以實現，駕駛就會變成單純的乘客，從駕駛變成旅行、睡眠，也可以和其他乘客對話。過去擔任駕駛的視線可以轉往車內，不用看著車外。如此一來，大家應該會注意汽車的內裝，車內的娛樂設施也會加強。

這個時候，駕駛樂趣可以被捨棄嗎？

汽車為什麼要如此不斷吸引人們的注意？當然過去在美國，汽車擁有在廣大國土移動的便利性，此外，汽車也是自由的象徵。一九二〇年代，對女性來說，汽車被視爲從家庭通往社會的連結，移動就等於自由。

只是，雖然有其他的交通方式，還是有人只想選擇汽車。美國歷史上，汽車產業不斷進行遊說，希望政府加速道路建設，這是汽車普及的主要原因之一。

但是，也有人認爲單純駕駛本身就是一種樂趣，我就是其中之一。或許有一些文章是寫給汽車愛好人士看的，但極少有文章描述駕駛本身的愉悅。其中，《笨拙的男人們》的作者福岡伸一所寫的內容非常有趣，他將加速的感覺比喻成坐雲霄飛車的快感。

一般來說，我們無法察覺時間的流逝，但超越飛行、航海的時間，我們就會感受到時間的速度，因而覺得快樂。「那是一種從會陰開始，直接穿過尿道和輸精管，沿著身體的中心線，快速而筆直、往上竄升的感覺。……不只從高處落下會產生加速的感覺，踩油門時也會出現。不管是上升或發動，我們都會很敏銳的感受到。」而且，福岡還提到加速的感覺就像做愛。

福岡說，連結射精和加速的感覺，是他唯一可以證明生命的東西，眞的非常有趣。我們到處都可以看到將汽車視爲戀人的擬人化例子，從這個觀點，便完全可以理解六〇年代的美國汽車廣告爲什麼帶有性暗示了。

的確，不能光講求便利，就把所有的一切都交給自動駕駛。那些想要滿足加速感，亦即有駕駛欲望的人，還是持續握著方向盤。或者，我們也可以透過虛擬實境，爲不再開車的人類彌補缺憾（這也是爲什麼虛擬實境會有那麼多雲霄飛車和賽車的理由）。

二〇二〇年會出現的變化

- 自動駕駛開始上路

必須思考的事

- 當汽車變成軟體的商業模式

這種東西會暢銷

- 替代計程車的使用者媒合服務
- 運用自動駕駛功能的小型配送服務
- 可以體驗駕駛快感的服務

賺錢方式

自動駕駛上路後，汽車將變成會移動的金融商品

當汽車成爲移動的盒子時，免費增值商業模式（以免費吸引使用者，並透過後續的增值服務，將部分免費使用者轉化為收費用戶，進而增加業績收入）或許就會開始發展。比方說，搭乘無人計程車時，只要看五分鐘的廣告，在起跳範圍內就可以免費搭乘。若將原本的廣告刊登費用和起跳車資加以比較，未嘗不是一個可行的商業模式。然而，如果汽車和自動駕駛的成本不能降低，這個模式應該只會適用於廣告效果良好的富裕階級。

此外，當汽車不再是自己的財產時，大家應該就不會再那麼講究汽車的設計了。這麼一來，汽車的造型應該很容易變成毫無設計感可言的四方形。若眞如此，就很容易張貼宣傳廣告，也很容易讓廣告顯露在外。

在國外搭乘Uber或計程車隊的車輛時，經常可以很意外的搭到高級汽車。這是因爲司機們認爲可以透過Uber賺取外快，所以購買高級車，高級車的車資比較高，堪稱是划算的事前投資。

目前也正在開發隨著通過車輛種類而改變廣告內容的巨大廣告塔，而且汽車應該也可以

和GPS連動，隨著行駛場所的不同來改變車內的宣傳廣告。如果移動者的喜好可以透過智慧型手機傳達給車輛，這樣的系統便是可行的。

當然，自駕車內也可能發生吸毒或強暴等犯罪行為。因此，也需要想出確認搭乘者身分等抑止犯罪的方法。

不過，當自動駕駛開始盛行之後，汽車應該會變成移動的金融商品。在預估收益後進行投資，讓自駕車上路，載客之後便可收取車資，換句話說就是「會走路的股票」。

二〇二一年

東日本大地震過後十年，基礎建設危機與因此出現的商機

基礎建設事業從打造走向保護，面臨重大轉型

P	Politics 政治	改革工作方式的一環，投入工地現場的生產性革命。
E	Economy 經濟	大部分的基礎建設已經完工五十年。全新基礎建設的投資減少，取而代之的是，既存基礎建設的更新經費增加。
S	Society 社會	畢業學生投入建築業的人數減少。隨著高齡化的發展，大部分從業人口都超過六十歲。
T	Technology 技術	透過偵測監視基礎建設的技術，與可延長基礎建設壽命的商品誕生。

變化特徵

東日本大地震發生後已過十年，基礎建設整修的重要性備受矚目。另一方面，大部分的基礎建設都已經有五十年的歷史，日本陷入無法籌措修補、更新的困境。致力提升建築業效率的同時，也必須加強監控與延長基礎建設壽命的技術。

崩壞的美國

很早以前，蘇珊·沃特（Susan Walter）所寫的《崩壞的美國》便提到了美國的基礎建設危機。書中提到美國的基礎建設狀態已令人絕望，震驚全美。基礎建設的老舊也意味著美國經濟的衰退。因爲羅斯福新政，一九三〇年代各項基礎建設都達到巔峰。一九二〇年代的美國，從第一次世界大戰開始，擴大的設備投資正處於泡沫時期，而後一九二九年股票暴跌。因此，羅斯福總統決定在田納西川建造多用途的水壩，大量僱用失業者。

這個政策帶動了美國公共事業振興署的成立，這種透過公共事業提升景氣的做法，如同教科書上所寫的經濟政策開端。當然，因爲每個建築物的狀態和位置各不相同，不見得在三十、四十、五十年後，都會面臨危機。不過，一九六七年十二月發生的銀橋倒塌事故讓人們發現，不單是公共基礎建設的打造，建設後的維護也非常重要。這座連結維吉尼亞州和俄亥俄州的橋梁突然崩塌，超過四十人於事故中喪生，當時橋齡已有四十年。

但美國並沒有提出足夠的政策來維護基礎建設。事故發生後，作爲財源的汽油稅在八〇年代初期並沒有調整，國家沒有投入足夠的預算，再加上越戰，公共基礎建設並沒有受到特別的關注。

美國因竭力確保財源而度過難關。然而，二〇〇七年八月明尼亞波利斯市的高速公路崩塌事件卻對美國造成巨大衝擊。這起事故發生在傍晚六點五分的尖峰時刻，五八一公尺長的道路有三二四公尺都崩塌了，超過五十輛汽車摔落，十三人死亡。當時已是橋梁搭建完成後的四十年。

美國並不完美，他們面對老舊基礎建設，持續陷入得不到絕對答案的苦悶中。

活躍於東日本大地震的當地建築業者與其沒落

二〇二一年是東日本大地震發生後的第十年，也是關鍵性的一年。這十年間，社會輿論不斷討論是否該續建核能電廠，同時也再度掀起討論危機管理的重要性。受災地區目前依然殘留著當時的災害痕跡，提醒大家不要忘記那場災難。但最重要的是，不能讓支撐的日本陷入頹勢。

東日本大地震發生後，第一時間的因應行動非常迅速。國土交通省（同臺灣交通部）表示，在災難發生後僅僅四小時內，當地建築業者便展開了道路開通等的初期活動。當然，他們自己也是受災戶，且比例高達七成以上。即使如此，因爲「自己公司與協力公司都是當地企業，對地形比較熟悉」，而且「平時就做好了面對緊急狀況的準備」，所以能夠採取初期因應行動。

在國土交通省所彙整的《東日本大地震的實際體驗　災害初期應對之指揮心得》一書，顧名思義，本書就是檢討地震後，針對災害初期應變所撰寫的操作手冊。這份資料記錄了投注所有心力在日本復原工作上的當地業者和員工，其意義甚至超越操作手冊本身，內容眞摯感人，非常能夠鼓舞人心。

另一方面，日本地方鄉鎮的建築業者，因爲公共事業相關案源減少，經營陷入窘境。建築業者的黃金時期是在一九九二年，當時建築投資額高達八十四兆日圓，就業人數約六二〇萬人。之後便逐漸減少。雖然因爲東京舉辦二〇二〇奧運的需求，多少振興了建築業，但目前建築投資金額已降低爲四八．五兆日圓，從業者只有五〇〇萬人，其中最多的是六十歲以

建築投資額、有執照建築業者與從業人員數量變化

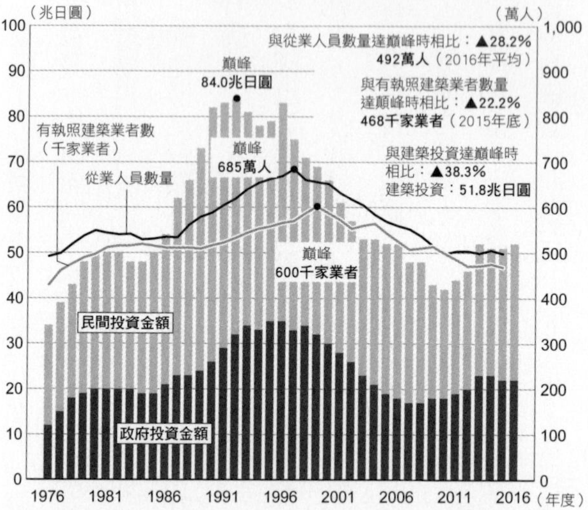

註1　關於投資金額，至2013年為止為實際金額，2014年與2015年為估計值，2016年為預測值

註2　有執照建築業者為各年年底的數值

註3　從業人員數量為年平均值。2011年受災三縣（岩手縣、宮城縣、福島縣）的數值，是以2010年《國勢調查》結果為標準所預測的人口，回溯所推算出來的

上的工作者，多達八十萬人。大約十年後，大部分的人應該都會退休吧。

當然，日本現正處於少子高齡化狀態，不能光增加建築業的工作。但是，畢業後投入建築業的人數在所有產業中的占比，已經從巔峰時期的八·四％，減少到目前的五·五％。

只要建築投資金額沒有提高，經營者／企業就很難增加。而且，也沒有任何妙方可以解決少子高齡化的問題。像東日本大地震這類災害發生時，地震地區無數的建築業者會展開自發性活

建築業之各年齡從業人員數量

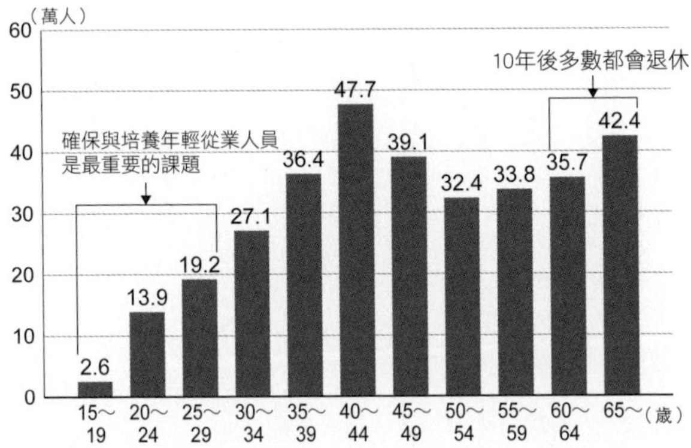

資料來源：國土交通省

動去協助災區。但這裡有一個很大的問題。

日本是少數經常發生天然災害的國家之一，而且，社會的基礎建設也都變得相當老舊。二〇二一年是東日本大地震發生後的第十年，此時日本社會也急需足以因應人口老化問題的對策。

基礎建設日益老舊的時代

一九六〇年代被稱爲日本的高度成長期，而大部分基礎建設的壽命都是五十年。因此，從二〇二〇年初開始，不只是少子高齡化，日本社會也將步入新興基礎建設減少、舊有基礎建設高齡化的時代。

事實上，二〇一一年度《國土交通白皮書》列出了「從二〇一一到二〇六〇年，這五十年間所需的更新費用（約一九〇兆日圓）」，而其中「約三〇兆日圓（占所有必要金額約十六%）因缺乏經費而無法更新」。根據《國土交通白皮書》所言，光是維護與更新就超出預算了。

前述一九〇兆日圓這個數字本身，會因爲研究者與假設的不同而有所差異，此外也會因爲統計範圍而有所不同。但值得注意的是，就連《國土交通白皮書》也悲觀「預測」未來維修工程無法更新。

二〇二〇年的東京奧運結束後，應該很難再有大型工程案，大企業開始計畫往海外拓展，中型企業則以因應防災、減災，以及老舊基礎建設的對策爲下一個目標。大家都將希望放在大規模的改建，而非全新工程。

完工已超過五十年的基礎建設，數量眞的非常多。事實上，國土交通省也指出這一點。雖然資料有點舊，讓我們來看看第五十六頁、二〇一五年的《國土交通白皮書》，其中估計只要再過幾年，有許多社會資本（意指道路、港灣、公園、公營住宅、學校、醫院等，作為產業或生活基礎的公共設施）都會超過五十歲。

比方說，根據首都高速公路股份有限公司的資料，道路檢測分爲：「A級　損壞需要緊急處理（可能有第三者受害）」「B級　損壞需要計畫性修補」「C級　損壞輕微，無需處理（記錄損壞）」「D級　無損壞（記錄檢測）」。A級當然需要及時處理，但修補可能會增加

採取與過去相同的維護管理及更新所需的成本

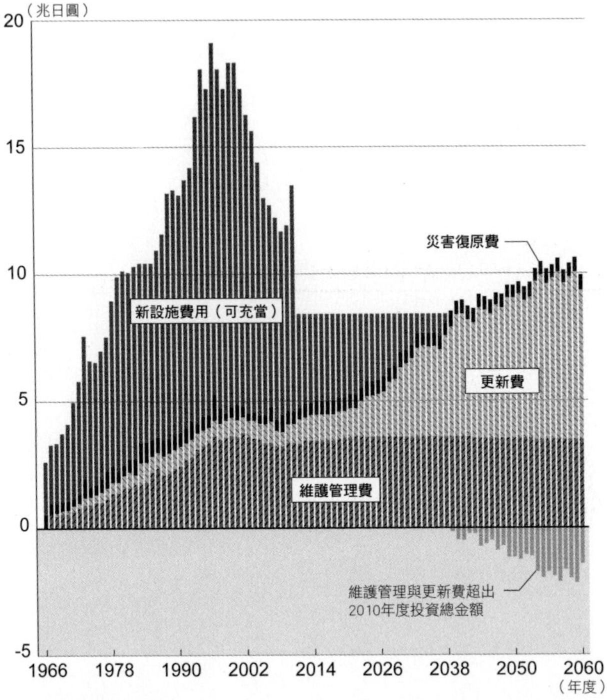

（註）推算方法説明

針對國土交通省掌管之八個範疇（道路、港灣、機場、公共租賃住宅、下水道、都市公園、治水、海岸）的直轄、補助、地方單獨事業，2011年之後根據如下的假設進行推算。

- 更新費的設定以過了耐用年數後加以更新，使其恢復原有機能，並以當初新設費用為基準，參考更新費用的實際狀態而設定。耐用年數則根據標示出税法上之耐用年數的財務省命令為基礎，再考慮各設施的實際更新狀態而設定。
- 維護管理費乃根據與社會資本存量之關連來推算（此外，更新費、維護管理費反映了近年成本縮減政策的實際成績）。
- 全新設施費用（可充當）是投資總額扣除維護管理費、更新費、災害復原費之後的金額，所列出的並非新設施需求。
- 不含用地費、補償費。不含各高速道路公司等行政法人費用。

此外，基於今後的預算變化與技術性知識的累積等因素，推算結果可能有所變化。

資料來源：國土交通省

建後超過五十年的社會資本比例

	2013年	2023年	2033年
橋梁	約18%	約43%	約67%
河川管理設施（水門等）	約25%	約43%	約64%
下水道溝渠	約2%	約9%	約24%
港灣碼頭	約8%	約32%	約58%

新的損壞。根據國土交通省道路局發表的〈道路維修年報〉，需要緊急處理的道路，多半都已經完工約四、五十年了。

此外，橋梁會因爲經過的卡車承載過重而提早劣化。根據國土交通省的資料，有〇．三%的通行台數都是承載過重的大型車輛，橋梁劣化大約有九成是這些車輛所造成的。

同樣的，國土交通省的資料也顯示了其他的已經老化。

二〇一一年三月十一日東日本大地震發生時，距離我辦公室不遠的東京都多功能會場「九段會館」發生了天花板倒塌。這件事非常具有象徵性，因爲天花板並沒有明確的耐震標準，最終判決不起訴。九段會館原本被當成「軍人會館」建造、使用，打造於一九三四年，這無疑暴露出老舊建築的危險性。

事實上，因爲日本許多地方鄉鎮的政府機關建築和公共設施都非常老舊，造成了諸多問題。

建築業能全面革新嗎？

以工程層面來說，建築是由人主導，不容易出現劇烈變化。讓我們來比較三十年前和近幾年砂石匠與泥水匠的從業者人數，五十八頁圖表所列出的是每一千平方公尺需要的砂石匠人數和每一百立方公尺需要的泥水匠人數。就結果來說，人數呈現停滯。多數建築工地現場都需要很多人手，因此很難大幅改善。

在預算更新和人數都變少的狀況下，只能盡量精簡人力來維修。比方說，根據地方政府表示，有些地方沒有具備相關技術的人員，因此不得不將工作外包，但又沒有足夠的外包預算，因此只能在有限的預算內完成。雖然知道無法完全更新，但還是要稍微改善老舊的部分。

目前，全國都在推行的i-Construction（日本國土交通省提出了二十個生產力的革命計畫之一。從測量、設計、施工、檢查，到維護管理等所有過程都引入資訊與通信科技，藉以提升整體建築生產系統的生產力），是運用ＩＴ技術提升生產力的策略。以無人機來進行測量，或是使用３Ｄ數據都是其中的例子。

此外，技術面也不斷持續開發。比方說，讓光纖穿過隧道，使用偵測技術來監控，一旦發現隧道內壁出現裂痕，便可提出警告。當然，這樣的技術必須考慮預算上的平衡。若價格

約30年前與近年的工作者人數（砂石匠）

（每1000m²所需人數）

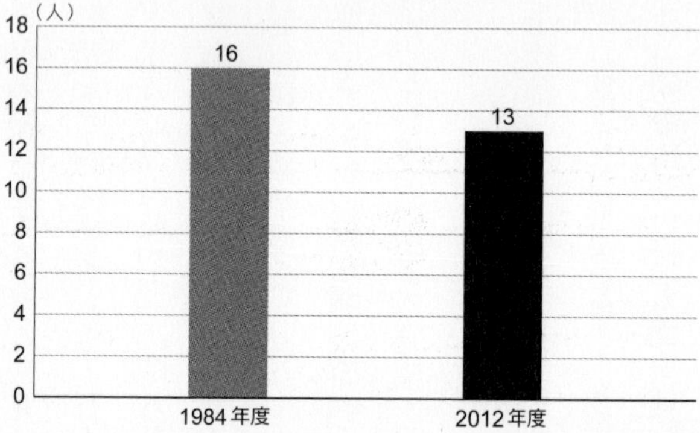

資料來源：國土交通省

約30年前與近年的工作者人數（泥水匠）

（每100m³所需人數）

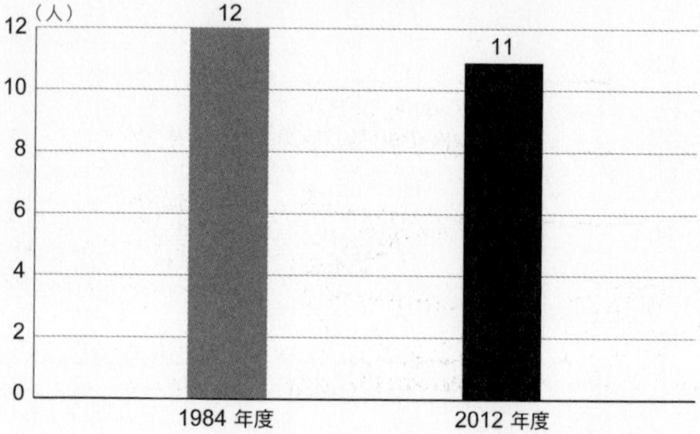

資料來源：國土交通省

能低到一定的程度，就可提高效率。

輪胎製造業者則開發出裝在輪胎上的偵測器。想掌握路況時，就可以從行駛中的車輛上獲取資訊。透過這些偵測器，可以知道馬路的凍結狀態，在最適合的時間點撒上防止凍結劑。

事實上，宅配業者也從單純的貨物運送，更進一步展開檢查道路異常的工作。裝在車廂上的偵測器，可以蒐集行經橋梁時出現的晃動或聲音的變化。

也可以把纖維製作成薄片貼在混凝土上，薄片顏色出現變化就可以察覺裂痕。還有可以貼在路面，用來進行修補的薄片，藉此便可稍微延長道路的壽命。

雖然舊的建築來不及使用新研發的材料，但可自行修復的材料廣受注目。研究者把液態材料揉入一般材料中，發生裂痕時，材料就會流進去，把裂痕填補起來。橡膠、樹脂、塗料的研究都持續在進行。

對基礎建設的危機意識，隨著時間流逝而逐漸被遺忘

二〇一一年三月十一日，我的妻子幾天前就開始覺得身體很不舒服，所以當天她婉拒了重要的商務會議，請假在家休息。下午兩點四十六分開始天搖地動，我從東京豐洲搭乘有樂町線地鐵，感受到巨大的震動。那一瞬間，我並沒有發現事態嚴重，還打算在電車繼續行駛之前，先用筆記型電腦工作。當我想聯絡家人，但用盡各種方法都聯絡不上時，才發現這是個大地震。後來，我總算透過iPhone的應用程式Kakao Talk聯絡上太太，直到那一刻我才知道緊急時刻想聯絡有多麼困難。

地震過後幾個月，政府不斷宣傳ＢＣＰ（營運持續計畫：為因應自然災害所制定的計畫，力求早日讓企業活動重新恢復、持續運作）的重要性。說不定地震發生之前，幾乎沒有人使用ＢＣＰ。我也曾因客戶爲完成ＢＣＰ，而受邀擔任顧問或進行演講。因爲民衆的關注度提高，每一場都有爆滿的聽衆。

五年過後的二〇一六年，爲了提醒民衆災害的應變策略，我又受邀參加了ＢＣＰ的相關講座，會場中只剩下稀稀疏疏的聽衆。莫非各家公司的ＢＣＰ都準備妥當了？事實完全相反，大家只是單純覺得膩了。

過去，我們經常可以看到人們工作時配戴信號笛；就寢時把鞋子放在床底下；一進到陌生的空間，就先確認逃生門的位置。但是只過了區區五年，就再也看不到這些景象了。「天災總是在人們忘記它的時候來臨」這句話之所以是名言，就是因爲它眞切描述了我們這種明知自己健忘，卻又完全改不掉的毛病。

道路損壞很容易被發現，所以很諷刺的，我們總是因爲道路崩壞才再度討論基礎建設的投資。但是，大家對於像埋藏在地底下的水管這類眼睛看不見的基礎建設，感覺相當遲鈍。比較可行的方法是，區別要廢除與要繼續保存的基礎建設，然後把要繼續保存的基礎建設大膽交給民間處理。不管是以半民營或完全民營化的方式，或許都必須讓它們轉變爲營利事業。

二〇二一年會出現的變化

- 基礎建設老舊成為社會問題，被放大檢視

必須思考的事

- 因建築業節約人力而出現的商機，以及可以減輕因基礎建設的老舊所產生的檢測、修

補工作之服務

這種東西會暢銷

・使用於建築現場的檢測工具等IT商品
・長壽化基礎建設的商品
・重新檢視公共基礎建設的顧問服務

賺錢方式

若只有地方鄉鎮和業者，一定會面臨極限

為了修補、更新老舊的基礎建設，各種基礎建設顧問工作會非常盛行。此外，因為事故發生後，必須討論設備老舊所衍生的復原計畫，BCP顧問的需求肯定會越來越高。

不過，若只靠地方政府和業者的力量，能做的非常有限。我們必須活用在日常生活中，每天都會接觸基礎建設的人所提供的資料。比方說，請他們拍下基礎建設的狀態，並將照片傳送到公家機關。此外，也需要製作像公共基礎建設建造年數的清冊。

現在應該沒有資料統整我們居住的鄉鎮裡，各項公共基礎建設建造年分的一覽表。如果能夠彙整出這些資料並加以公開，居民便能理解爲何要簡化基礎建設。如此一來，若能提出降低基礎建設維護費用的方法，以及獨特的使用方式，原本成爲社會負擔的基礎建設或許就可以創造收益。

此外，針對建築業人手不足的問題，只能有效利用現有的人力。比方說，現在並沒有資料顯示自營業或小規模企業的經營者底下有多少工匠，如果有專門針對建築工匠所設計的搜尋網站，就可以知道擁有何種技術的人在哪一天是有空的。以現況來說，就算想召集建築相關人手，似乎也只能跟自己認識的人打聽。因爲工匠們缺乏透過電腦或智慧型手機的登錄機制，因此，也可試著打造媒合工匠與工程發包經營者兩方的服務。

二〇二二年

總能源需求量達到巔峰，節能顧問是下一個亮點

此刻二氧化碳排放備受注目，正是向全球提倡節能技術的時機

P	Politics 政治	加強各國在能源採購上的合作。因為從核能發電改為火力發電，難以控制二氧化碳排放量，替代能源政策會因此被強力發展。
E	Economy 經濟	新興國家實現經濟成長，能源需求量提高。日本能源利用效率極高，所開發的商品或服務會受到矚目。
S	Society 社會	少子化導致日本的總能源需求量成長停滯。此外，人口密度降低，能源效率可能也跟著降低。
T	Technology 技術	全新發電技術與節能技術持續發展。

變化特徵

根據估計，二〇二二年日本的總能源需求量將達到巔峰。不僅能源採購量減少，在世界舞台上的發言權也可能降低。不過，這也是個向全球宣傳節能、效率化技術的最佳時機。日本的單位GDP能耗更為提升，諷刺的是，東日本大地震後核能發電中止，替代能源的開發反而持續進展。

總能源需求量達到巔峰

二〇〇五年，一般財團法人電力中央研究所表示「全國總電力需求估計將於二〇二二年左右達到巔峰」，而且這還只是電力的部分。關於能源總需求量，二〇〇四年所發表的《能源相關年度報告（能源白皮書二〇〇五）》提到，「隨著人口、經濟與社會結構的變化，能源需求量的成長因結構性問題而減緩，將在二〇二一年停滯」。而且，將從二〇二二年開始轉而減少。

這是根據某些假設，針對戶數減少與能源效率所計算出的結果。事實上，要正確預測未來的需求量非常困難，也有試算顯示，能源總需求量將在其他年度到達巔峰。不過，因為少

不同範疇的能源消耗

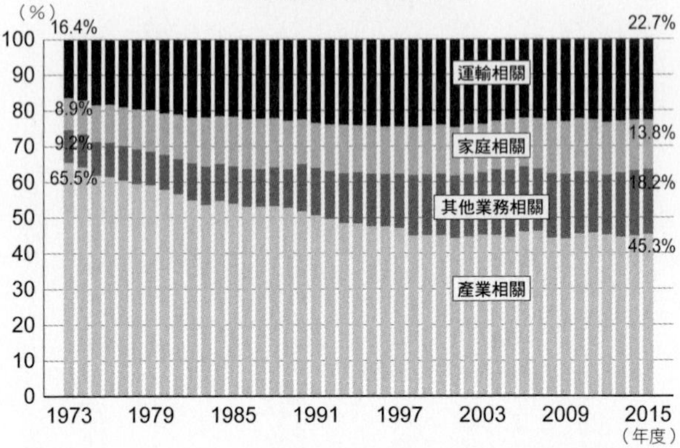

資料來源：經濟產業省

子化與能源效率化一定會持續，能源消耗量肯定也會越來越少。

若根據用電範疇來區分，產業所需能源雖然減少了，但仍占半數。因爲電子商務的發展，小量配送呈現爆炸性成長，但電子商務之外的運送卻減少了，故運輸部門不見明顯上升。若以實際金額來說，有減少的傾向。

因爲能源使用量減少，能源進口量當然也跟著減少，因此發言權變小，日本在世界舞台的地位也變得更低，這個時候，未來的能源政策該如何應對呢？

能源發展的過程

能源可分爲一次能源與二次能源。一次能源指的是核能、水力、石油、天然氣、太陽光、風力等可直接使用的能源。二次能源指的是將一次能源進行轉換、加工後所得到的能源，包括電力、瓦斯（氣體燃料）、汽油等。

在高度成長期之前，日本的能源結構以煤炭為主，之後又轉變成以從中東採收到的大量石油為主。一九七〇年，因為GDP成長，能源消耗量也跟著大幅增加。

而後，遭逢石油危機。日本反省對石油消費量過高，因此加速引進核能、瓦斯等替代能源，同時也期望以節能為前提來達到經濟成長。在經濟成長減緩後，實際的能源消耗也跟著減少，特別是二〇一一年東日本大地震之後，大眾的節能意識更加強烈。

關於替代能源，二〇一一年東日本大地震後，使用核能發電的機會變少。地震發生前，有五十四座運轉，但地震之後，核電廠相繼關閉、不再重啓，現在只有少數幾座仍在運轉。

因此，目前使用的能源以石油為大宗。在日本，只有東北的部分地區在進行原油採集，九九％以上都仰賴國外進口。所以，政府把焦點集中在天然氣等能源，也將原油的購買來源分散在各個國家。事實上，不只中東，日本從中國和印尼的石油進口量也增加了。此外，身為石油輸出國，擁有大量頁岩氣和頁岩油的美國應該會變成比較主要的選項。

東日本大地震後，日本對火力發電的依賴度變高，因此二氧化碳排放增加，與預防地球暖化的趨勢背道而馳。雖然前面提到，太陽能、風力、地熱等可再生能源已同時受到注目，

各種一次能源的供給量

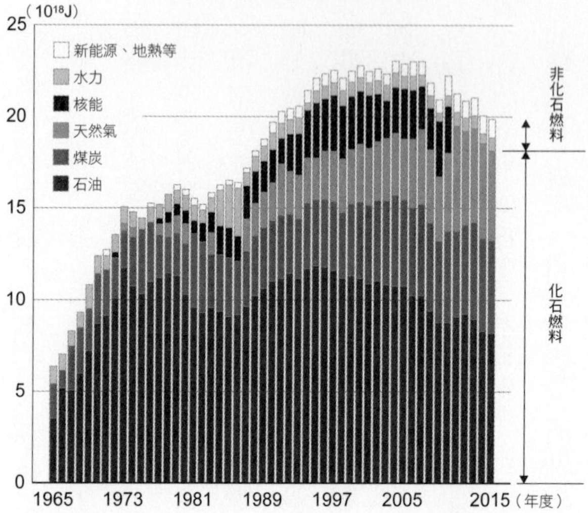

資料來源：經濟產業省

不過，若以整體來看，這些再生能源還不足以完全取代既有的火力發電。比方說，地熱是利用地下水蒸發時的熱能，再以渦輪發電，但工程需耗時十年以上。

關於電力的最佳供應組合，因爲研究者不同，原始資料、數據與假設也不一樣，無法一概而論。德國歷經幾番曲折，通過《再生能源法案》，於二〇一一年關閉了八座核能反應爐，根據最近的資料顯示，其餘的也將在二〇二二年前關閉。不過，如果廢除核能發電，又該如何減少因火力發電所排放的二氧化碳呢？到底是要追求效率，還是要開發替代能源，值得討論。

經濟富裕與能源需求

能源消耗量與各國的經濟力明顯呈現正相關。如果新興國家轉而採取節能政策，那些國家的弱勢族群或許會讓政局變得不安定。也因此中國才不願意和已開發國家一起，同意抑制總能源消耗量。

新興國家不願抑制總能源消耗量，另一方面，日本因火力發電的比例提高，二氧化碳排出量不斷增加。原本率先實踐《京都議定書》的日本，必須主導全球節能政策的進行。但是，因為已開發國家為追求經濟成長而大量使用能源，沒有立場只要求新興國家控制能源消耗和二氧化碳排出量。在不得不依賴火力發電的狀況下，局勢變得更加困難。

日本所面臨的人口密度過低非常棘手

不只二氧化碳，降低能源使用效率的主要原因，還包含日本國內的人口密度過低。一如內閣府在《二〇一三年度經濟財政報告》中所提到的，因為人口密度降低，能源使用變得沒有效率，造成電費提高。事實上，規模效益會因為電力需求量而受到極大影響。為了實現智

GDP與能源消耗

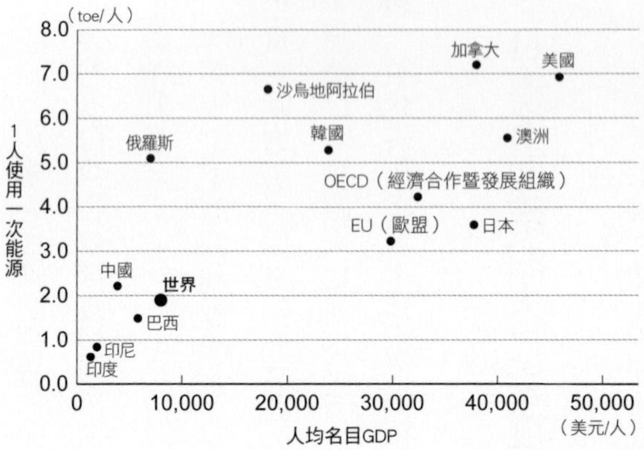

資料來源：經濟產業省

慧城市，當務之急是打造有效率的都市。

政府和能源相關企業所提倡的政策

我在前文從負面的角度提到了總能源需求量下降這件事。事實上，日本單位GDP能耗是一流的。從每個人的一次能源消耗統計GDP與能源消耗就可以理解，日本人均名目GDP（Nominal GDP）的效率非常出色。

此外，日本提高能源自給率後，向國外採購的能源減少，存在感或許會降低，但也因爲如此，可以提高效率化技術，並將技術賣給其他國家。

因此，我們必須思考的是，在能源採購量變少的同時，爲了可以穩定採購能源與各國展開合作，並且從軟體與硬體兩個層面著手，將環保發電技術

電力公司的平均費用與電力需求量的關係

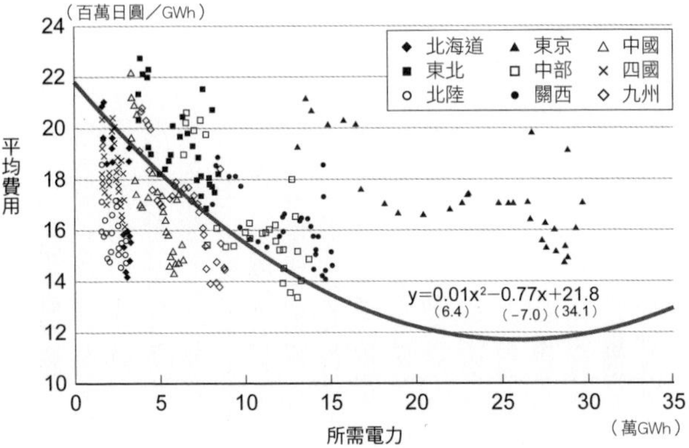

與世界頂尖的高效率技術賣給其他國家。藉此，各國也可以在節能的前提下實現成長。

如此一來，就國家整體來說，日本就可與中東國家打造友好關係，在煤炭進口方面，也可加強與澳洲的關係。同時，爲了支援積極開發資源的經營者，行政法人石油天然氣／金屬礦物資源機構會打好基礎，以協助併購國外資源開發公司與油田開發（《JOGMEC法》的修訂）。

除了之前介紹的地熱發電，環保發電技術中還包括生質能發電，從食品廢棄物和穢物等提煉出生物氣體。此外，利用在地藻類、竹、疏伐材、木片等的發電技術也持續發展。

火力發電技術還有提升的空間，渦輪高效率發電技術有國家預算補助，關於排出的二氧化碳，目前已經開始回收，並不斷進行可將其有效利用的技

各國能源採購量

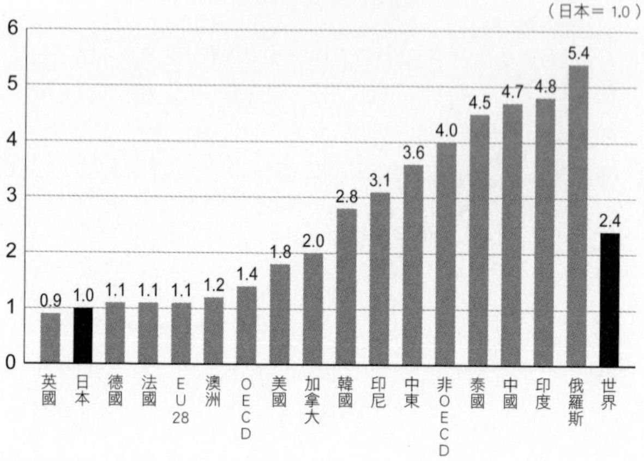

術開發。

企業近年也開始進行「環保能源採購」。也就是說，行政單位或民間企業在選擇交易對象時，會盡量選擇善於減輕環境負擔的企業。監控整體供應鏈的碳足跡（二氧化碳排放量），打造出可永續經營的社會。

接下來介紹可以從日常生活中著手的做法。比方說，日本的隔熱建材品質世界一流，如果能夠大幅降低家庭排放熱能的損失，效果會非常顯著。理查·繆勒在《給未來總統的能源課》一書中便提到：「讓我告訴你們一個祕密投資的機會，那就是在你家屋頂內側裝置隔熱建材。……裝置費用大概是一千美元。……五·六二年後（非複利的狀況下），你將可以節省一千美元的電費。」

日本正頂著「能源效率專家」的美名，開發各種節能商品，而下一批要銷售到海外的，就是這些產品了。

能源的不變法則與利潤

某位大學講師曾說過這麼一段有趣的話：「雖說能量守恆是一個定律，但使用同樣的能源所創造出的利潤，卻會隨公司的不同而有所差異。」能量的單位是焦耳，但是公司商品所擁有的意義卻無法量化。

過去，大塚製藥公司的飲料商品寶礦力在印尼的銷售毫無起色。後來，公司將寶礦力的形象塑造成穆斯林齋戒月結束後解渴所喝的飲料之後，寶礦力的銷售量不斷成長，甚至被稱爲國民飲料，就連地方鄉鎮的小店也一定會販售。而且，就算價格較高還是很暢銷。同樣的商品，製造所需能源也一樣，但創造出的利潤卻是大相逕庭。

電的狀況又是如何呢？同樣的，也有一個改變能源定義的例子，那就是電池。假設四號電池一顆一百日圓，四號電池的價格是一般電費的一萬倍。四號電池所具備的電力是以一．五伏特的電壓讓一安培的電流流動一個小時，假設這樣是一百日圓。如果以瓦小時來計算，

100÷1.5＝67日圓，若換算成千瓦便是67×1000＝67,000日圓。另一方面，電費一千瓦是二十日圓，所以電池的電費是一般電力的三三五〇倍。

這個例子呈現出將電這種動力，轉換成方便攜帶電源的新鮮形象。所以我們現在要考慮的不是能源本身，而是能源的意義。

我經常用「增値」一詞來回答有關中小企業戰略的相關問題。以這層意義來說，若把日本比喻爲中小企業，我們應該將日本的技術以高價賣出，竭盡全力改變商品的意義。

以前，汽油排放出的二氧化碳曾經被認爲有助植物生長，但現在卻被視爲地球暖化的元凶。或許讀者中有人反對二氧化碳造成地球暖化的說法，在我冷靜閱讀過許多文獻之後，我發現地球暖化是一個確定的事實，而且越來越嚴重。但我不會斷言地球暖化的原因就是二氧化碳。

可以肯定的是，很多研究都指出，溫室效應氣體造成地球平均氣溫的上升，而日本的節能技術是世界頂尖的。

日本應該竭力全力，目標「成爲節能技術的全球顧問」。

二〇二二年會出現的變化

- 全面啓動替代能源的開發
- 省電能力的軟實力受到注目

必須思考的事

- 打造改變能源意涵的商品

這種東西會暢銷

- 國外工廠與家庭的節能顧問服務
- 環保發電技術

賺錢方式

將日本的環保生活方式推向全世界

「好浪費」這句話成了全球流行語。現在，越來越多人崇尚以樂活或道德爲名的極簡生活。這個運動的特徵並非努力控制消費，而是積極購買或消費健康、可永續發展，且具道德感的商品，讓世界變得更好。

世界正在步向節能化，絕對需要以日本為先驅的環保生活。而且，現在是「用大腦消費的時代」，大家要思考的是商品如何生產、二氧化碳排放量是否很少、是否夠環保，這些資訊在挑選商品時變得非常重要。在這股趨勢興起之前，日本企業便全力投入改善活動，藉以達到全面品質管理。現在該是把這些技術（而非最終產品）提供給全世界的時代。

此外，電力部分也將從供應電力的服務，轉變為販售使用電力經驗。未來的電力公司必定會針對每個家庭的能源消耗，提供顧問服務，及推薦最適當的家電用品，和從家庭收支進行再生能源投資等理財建議。而且，他們一定也會針對怎麼樣的生活模式最能有效利用能源提供建議，電力公司將從「能源」提供者轉變為「技術」提供者。

現在，我們因為與電力公司簽約，所以很難馬上更換公司。不過，或許將來我們可以根據家電產品來選擇電力公司，從使用量、時間、時段來自動判斷該選擇哪一家電力公司。

當然，選項未必只有電力公司，或許我們也可以向在道路上以自駕模式移動的電動車購買其剩餘的電力。感覺上，電動車應該可以自動將電力運送到家庭，幫我們充電。事實上，電池價格很高，技術也還需要改進。但是，如果可以由個人進行發電、自由販賣這些電力的運作機制在日後變得更加成熟，或許就是一種與本章節所介紹內容不同意義的能源革命。

在YouTube時代，每個人都可以成爲媒體，並藉此贏得人氣；在YouPower時代，每個人都可以是電力供應者。

二〇二三年

農業展開六級產業化，智慧農業全面上路

這一年會脫胎換骨，步向獲利農業嗎？

P	Politics 政治	農業展開六級產業化。日本上下一起推動，轉型成具有高附加價值的農業。
E	Economy 經濟	日本國內生產的食品種類減少，另一方面，進口商品增加。消費者需要符合日本國內市場需求的農作物生產。
S	Society 社會	中國和非洲各國逐漸成為食品進口大國。
T	Technology 技術	在耕地裝置偵測器、連接網路等靈活運用IT技術的智慧農業加速發展。

變化特徵

農業生產者不光是從事生產，連運送到販售也一併進行的六級產業化已經展開。在農業經營者減少的時刻，當務之急是改頭換面，往高附加價值的農業發展，為此，必須聆聽更多國內消費者的需求。

日本農產品具有風味佳、品質好、生產過程透明化與有機種植等優勢，而且農業生產過程已ＩＴ化，必須討論是否可將這些技術優勢出口到全世界。

農業的六級產業化

二〇一三年，日本首相安倍晉三在演講中提到，二〇二三年前讓農業與整體農村的所得加倍，是經濟成長戰略的一環，這就是所謂的第三支箭。在安倍政權下，農業改造持續進行，日本內閣對農林水產省級農業團體提出「獲利農業」的主張，當時所使用的字眼就是「六級產業化」。

根據農林水產省的定義，六級產業化指的是「除了農林水產品的生產，還要一併進行加工和販售，藉以提高生產者的收入與當地的就業機會」。簡而言之，就是要擴大自己的工作範圍，以求提高利潤。

六級的六是指，除了農林漁業這些一級產業，還要加上二級產業（工業、製造業），和三級產業（販售、服務業）（1×2×3）。這個計畫的對象除了生產者，也包含農協（農業協同組合，由日本農民與農業經營者組成的組織，目的是以互相扶持的精神，守護農民的農業工作和生活）。若能串聯上游與下游，也可以增加就業機會。這種農商工合作的事業，是《農商工等合作促進法》在二〇〇八年實施後的趨勢之一。

在對農業工作者各戶所得補助的制度中，稻農的部分被調降了，而關於生產成本與銷售差額的補助，從二〇一八年生產的農產品開始廢除了。另一方面，爲了增加更多農民，政府持續給予補助金，此外還有法人在農業領域爲了增加就業機會的研習補助。

此外，農林水產省也展開「農業女性計畫」，針對女性農業工作者宣傳。透過這個計畫，女性工作者在投入工作與接觸自然時，可以運用過去累積的知識，創造出全新的商品和服務。

整個國家都在不斷提升農業的魅力，藉以打造強大的農業。反過來說，這或許也代表著政府擔心農業的未來。

日本國內的農作物供應

（單位：10億日圓）

區分		1980年	1985年	1990年	1995年	2000年	2005年	2011年
生產段階	食用農林水產品	13,515	14,457	14,405	12,798	11,405	10,582	10,477
國內生產	食用農林水產品	12,278	13,056	13,217	11,655	10,245	9,374	9,174
	針對終端消費者	3,910	3,500	3,947	3,544	2,947	2,772	2,874
	針對食品製造業	7,482	8,837	8,637	7,344	6,414	5,767	5,453
	針對外食產業	886	718	634	767	884	835	847
進口	食用農林水產品	1,237	1,402	1,188	1,143	1,160	1,208	1,303
	針對終端消費者	280	290	278	323	298	328	261
	針對食品製造業	888	1,045	805	661	712	747	929
	針對外食產業	69	66	105	160	150	133	113

資料來源：農林水產省

日本國內食用農林水產品產量開始萎縮

首先，讓我們來看看農林水產品的改變。表格第一行的數字顯示，日本整體食用農林水產品的產量大幅減少，相較於一九八〇年，減少了二二%，日本本地產品也具有同樣傾向。相對於此，看看進口部分的數字，食用農林水產品是增加的。在日本，民眾經常質疑國外的食安問題，但實際上，很諷刺的是國產品的占比不斷減少，進口的數量持續增加。反過來說，就因爲國外生產的產品增加，大眾才會不斷針對食安提出質疑。

此外，農林業經營者也持續減少。二〇一〇年有一七二萬人，到了二〇一五年卻減少爲一四〇萬人。光就農業來說，也具有相同傾向，從一六七萬人衰退到一三七萬人。

實踐前述六級產業化的農民，主要是想確保價格的決定權。因爲當整體產量減少時，身爲一級產業者在銷售產品時，還是有可能被二級和三級產業砍價。

各種政策治標不治本

因應六級產業化，開始出現各式各樣的措施。所謂的B2C市場，便是直接針對消費者進行訴求。這件事並不難，農民著手設立網頁、販賣農作物、發送電子報、成立部落格、透過社群網站進行宣傳活動。

特別是農作物，如果可以知道生產者是誰，購買的時候就會比較安心，因此，發送眞實的生產者訊息、建立雙方關係的做法非常有價值。此外，也有些人將自己的農產品放在農產品直銷中心展示，提高客單價，或是供貨給學校當營養午餐的食材。

某些地區則和超市或百貨商場合作，打造並供應自家商品。藉由直接銷售給超級市場，可以滿足小份量購買的需求，也可以針對產品的味道徵詢眞實意見，並從生產端調整。

當然，我們必須尊重各種不同的政策，但我個人認爲，這比較治標不治本，感覺只有地區活化顧問或廣告代理商可以賺到錢。因爲在這樣的措施下，農家並不能從「產品」導向（只要自己生產的東西有人買就好），轉變成「市場」導向（生產市場需要的東西）。

日本農民是否可不用再接受補助？

每年三月，農民就會開始種稻。那個時候農民還不知道消費者是誰。包含出貨給農協在內，都是農民的工作。或許是因爲農協基本上都委託批發市場販售，比較少和零售店或餐飲店直接交易，不只是稻米，生產者不僅沒有聽到消費者的需求，也不知道食品加工業者的需求，所以食品加工廠只好向國外購買原料。

民眾不吃米飯的情況越來越嚴重。一般家庭花費中的購米金額不斷降低，感覺似乎稻米產量過剩。但是，非常奇妙的是，營業用米卻出現不足。因爲以農民的角度來說，種植飼料米可以拿到較多的補助金，而且，這筆收入也比種植營業用米還要穩定。因此食品加工廠從國外採購的原料當中，也包含了稻米。

農林水產省認爲，營業用米少了一三〇萬公噸，相較於稻米總生產量七五〇萬公噸，就可知道營業用米不足的狀況非常嚴重。二〇一七年三月二十一日，在農林水產大臣舉行的記者會上，出現了很有趣的片段，那是大臣針對記者詢問有關營業用米不足的問題時，所給的答案。

記者：稻米不足一三〇萬噸的問題，現狀還沒看到解決的方法，是不是很難處理呢？

大臣：現階段，還在努力。

觀察日本兩人以上的家庭，會發現飲食的消費結構是：生鮮食品三成、加工食品五成、外食兩成。一直到二〇三五年爲止，外食的比例估計都不會改變，但因生鮮食品會減少，因此加工食品的比例會增加，預估大概是生鮮食品兩成、加工食品六成。這些加工食品廠會從國外採購原料，因爲站在他們的立場，總希望可以用便宜的價格購買大量且品質穩定的產品，但日本中小規模的農民絕對無法做到這一點，也不會配合他們的需求。除此之外，生產者也沒有積極試圖恢復與食品加工廠的關係。

談論農業時，經常會提到的只是在休息站販售，或是透過網路賣給消費者，若要把產品賣給食品加工廠，農民就必須配合買方的需求來改良產品。

各國稻米需求量預估

（單位：百萬公噸）

	生產量		消費量		純出（進）口量	
	2010～12年	2023年	2010～12年	2023年	2010～12年	2023年
全球合計	461.5	537.5	458.2	537.5	0.0	0.0
北美	6.6	7.4	4.3	5.0	2.3	2.5
中南美	17.8	22.2	18.5	22.8	−0.7	−0.6
大洋洲	0.7	0.7	0.4	0.5	0.3	0.3
亞洲	414.7	479.6	394.0	453.5	17.6	26.2
中東	2.1	2.5	8.8	11.0	−6.6	−8.4
歐洲	2.9	3.6	4.3	4.6	−1.3	−1.0
非洲	16.6	21.4	27.8	40.1	−11.4	−18.8
（參考）						
中國	140.3	143.9	139.7	146.2	−1.4	−2.3
泰國	20.3	22.3	10.5	11.5	7.7	10.8
越南	27.0	34.8	19.7	23.1	7.1	11.7
印尼	36.2	44.3	39.5	50.2	−2.2	−5.9
印度	101.9	128.5	93.1	113.0	7.6	15.5
孟加拉	33.1	41.8	33.8	42.5	−0.7	−0.7

資料來源：農林水產省

海外的稻米需求

農業不只有國內企業交易這種隱形需求，販賣通路也可延伸到海外。讓我們來看看這個章節的主題——二〇二三年的全球糧食需求預估。二〇二三年全球稻米消費量是五三七．五百萬公噸，相對這個需求，供需大致可達到平衡。然而，值得注意的是，中國的稻米消費量爲一四六．二百萬公噸，但生產量只有一四三．九百萬公噸；在人口持續爆炸性成長的印尼，稻米消費量爲五〇．二百萬公噸，但生產量只有四四．三百萬公噸，兩者同樣是消費量大於生產量，對其他國家來說，是非常值得開發的市場。

在此，我雖以稻米爲例，但事實上不只

稻米，就許多農作物來說，幾個亞洲國家（包括非洲），都從生產大國轉變為消費大國，這著實是日本的絕佳機會。

這個時候，最重要的就是眞正的六級產業式思考，也就是以「一邊聆聽顧客需求，一邊生產」爲目標。我研究了日本六級產業化的例子，發現完全沒有運用到日本的優勢，畢竟日本的強項不只在於農作物而已。

我們必須把思考的範圍延伸到「食物」，而不是只把重點放在日本的「農業」。不只味道，我認爲必須更加強調安全性、生產過程的透明性、有機，以及日本的農業生產技術。我們可以把農作物賣給中國，也可以把技術賣給他們的農業生產者。

農業技術的販售

事實上，日本已經開始販售農業技術了。最近，我們經常聽到智慧農業這個名詞，亦即將偵測技術、網路、大數據分析等技術利用在農業上。

智慧農業是指，取得溫度、濕度和二氧化碳等數據後，再進行分析。智慧農業的市場規模正在擴大。比方說，將單位農地的產量和各項數據加以比較後，就可以分析在什麼樣的條件下，可以讓產量最大化。根據矢野經濟研究所的預測，二〇一五年日本國內的智慧農業市場規模約九七億日圓，到了二〇二三年，將會超越安倍首相所說的三〇〇億日圓。酪農業也有相同的作爲，酪農透過偵測器察覺牛隻的發情狀況，藉以擴大受孕機會。

除此之外，日本國土狹小，經過長年努力研發提高農作物產量的效率技術，應該也可以銷售到海外。比方說，新加坡的農食品獸醫廳與住友化學公司便聯手展開栽培實驗。這是以國土狹小的新加坡爲實驗場，在都市的建築物屋頂栽培作物，達到全年都能收成農作物的實驗。此外，也嘗試以太陽能發電技術，打造可以永續經營的都市型農業模式。

爲了因應未來生產者的高齡化問題，農業必須導入ＩＴ技術。如果農業可以ＩＴ化，並累積農業相關的數據資料，便能生產出可以保障農業產量的保險商品。若有辦法蒐集到農業的相關數據和資料，也可以打造出一個商業模式，或許可以運用在期貨交易中。

透明性的極致，日本

讓我們回到安全性這個話題。相較於過去，日本更致力於發展的經營模式爲「知道生產者是誰的農業＝可以安心的商品保證」。

在日本，自有品牌商品的食品包裝上已經可以使用「製作所特有記號」。透過以記號和數字來標示生產者，販售者可以向行政單位登記。行政單位雖然能夠控管自有品牌商品的生產者，但站在消費者的立場，那些記號和數字看起來就像密碼一樣，光看並無法了解生產者。

二〇一六年四月，標示方法改變了。首先，在標示製造所特有記號時，必須同時標示「製造所所在地等資訊的聯絡方式」「製造所所在地等資訊的網址」，或「所有製造該產品的製造所所在地」。換句話說，只要消費者有需要，就可以查詢自有品牌商品生產者的相關資料。

而且，若同一商品都在同一家製造所製造，就必須標示出製造者的名稱和所在地。此外，關於加工食品與添加物，到二〇二〇年三月底前是緩衝期，閱讀到此章節預測的二〇二三年時，緩衝期應該結束了。

知道產地、生產者是誰的食品需求不斷提升，因此，這些生產者更進一步提供生產訊息。比方農民利用智慧型電子裝備，記錄並發送農作物的栽培過程，如此一來，消費者也可以了解生產者的做事風格。

特別是日本主婦購買食品時非常敏感。敏感這個字或許略帶負面意涵，但也有正面意

女性創業數的變化

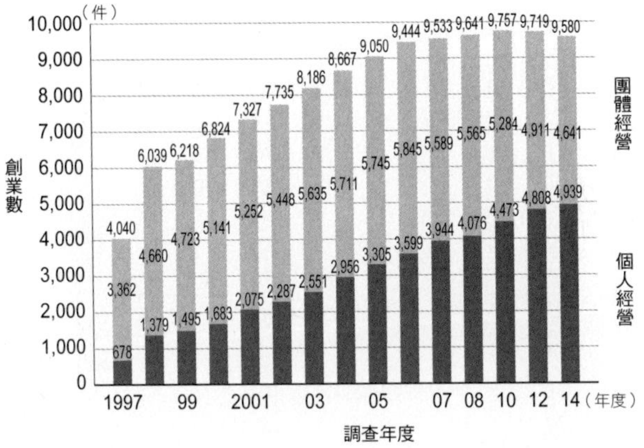

資料來源：農林水產省

義。在大家如此重視食物的情況下，身爲主要製作者的女性應該可以更加活躍。觀察農村女性的創業者數量可以發現，最近幾年持續成長，不過雖然不斷成長，還是不滿一萬人，甚至還有減少的趨勢。

女性創業當然不限於生產領域，有二級產業，也有三級產業。事實上，有更多人投入食品加工業。女性具有「生活者」觀點（消費者與生產者融為一體，除了傳統的經濟學研究消費行為外，還加上心理學、社會學的觀點來研究生活行為），若能與地區合作，應該可以生產出精緻的產品。

關於有機商品，在日本還稱不上高度普及。產值相對於美國的三·二兆日圓、德國的一兆日圓、法國的五七○○億日圓，日本只有一三○○億日圓（《日經新聞》二○一七年六月二十五日）。有機市場還有成長空間，農林水產省也已針對「無農藥」這個字加以定義。

可以考慮到日本消費者＝生活者感受的農業，才是能夠訴諸全球的日本「食物」。

二〇二三年會出現的變化

- 農業六級產業化加速進行
- 致力加強農業行銷
- 亞、非洲各國成為食品進口大國
- 智慧農業化

必須思考的事

- 全新農業商機的可能性
- 與不同領域合作、科技的運用

這種東西會暢銷

- 針對海外市場，具日本附加價值的食品

- 降低農業收穫風險的保險商品
- 以來自農地的偵測訊息，預估產量的系統

賺錢方式

高效率的農業是日本優勢

根據三井物產戰略研究所（產業調查第二室）的野崎由紀子所發表的〈世界食用肉需求趨勢〉，收入水平與食用肉的消費呈正相關。野崎根據各國GDP的成長來估計未來食用肉的需求，結果發現到了二〇五〇年，食用肉的需求約是目前的一・九倍，而這很有可能造成飼料用小麥和玉米的價格高漲。

過去，人口增加時，人類會透過提高生產效率來增加食物原料。未來，除了技術革新之外，我們也必須持續改善整體農業的供應鏈。

日本農業必須思考，如何運用企業的力量來提升效率。企業無法擁有農地，只能租賃，這是爲了避免企業沒有獲利，就會馬上放棄農業而制定的政策。根據《修訂版農地法》，如果企業是農地所有適格法人（可以利用農地或牧地來進行農業活動的法人），便可擁有農地。不過，農

業相關人員以外的成員，只擁有不到二分之一的決議權。可能的話，應該藉由放寬規定，鼓勵不同業種的加入。如此農業領域就會出現企業競爭，應該可以讓高效率農業變成日本的優勢。

從地產地銷到自產自銷

地產地銷的下一步，將是消費者自己栽種農作物的風潮。這種風潮可視爲對流通過度複雜化的反抗，消費者決定自己準備安全、安心的東西。這和家庭菜園有何不同呢？簡單來說就是不用自己動手。

比方說，Back to the Roots公司販售了可輕鬆栽種作物的套裝材料。他們所提供的作物包括小番茄、香草、蘑菇等，和一般栽種沒什麼兩樣，不同的是，除了灑水之外，什麼都不用做，作物自己就會成長。

隨著3D列印機的進步，大家開始在建築物的其中一個房間製作東西。同樣的，人們也可以在自家投入農業栽種，而不用去到大型耕地。而且，還可以透過社群媒體傳遞訊息，由微型農業法人販賣給一般個人。

另外，可以很自然的實踐現在非常普及、由岡田斗司夫帶動潮流的筆記瘦身法（可參考《別為多出來的體重抓狂——絕不復胖！筆記瘦身法》）的應用程式。也就是說，只要拍下入口的午餐或晚餐，就可以顯示出大約的熱量。現在，雖然有類似的服務，但精確度還很低。如果光是拍照就可以計算出營養素，並告知不足的養分那就更好了。或許也可以和健康檢查結果串聯，建議使用者最適合的飲食生活方式。

透過結合地方文化，提倡飲食文化的嘗試也變得很重要。比方說，圖書館根據地方文獻，提出地方特有的飲食文化或菜單的企畫就是不錯的點子。這個方法應該可以超越農業或產業收益的意義，達到振興城鎮、活化地區的效果。

二〇二四年

非洲的富裕階級快速增加

人口增加，商業活動蓬勃興盛

P	Politics 政治	在非洲開發會議中，日本承諾提供大幅經濟援助。
E	Economy 經濟	富裕階級人數增加，加上GDP成長，非洲整體經濟實力提升。
S	Society 社會	人口雖然不到全球的二〇%，但預計二一〇〇年將會增加到四〇%。
T	Technology 技術	活用ICT的商業活動增加。

變化特徵

非洲人口持續增加，GDP等經濟指標也不斷成長。因爲人口增加，日本企業開始把非洲視爲市場。此外，運用ICT所創造出的新商業活動也誕生了。

不過，非洲經濟深受原油市場的影響，而且農業生產力還很低。面對風險的同時，如何戰略性地攻下非洲市場，已成爲日本的課題。

遙遠的非洲

高中時期，我非常喜歡閱讀鬼才文化人類學者西江雅之的作品。西江的課非常有趣，在大學非常知名。他走路的速度快得超乎常人，還能說超過十個國家的語言，完全就是我的偶像。

我對非洲的印象，就是透過西江的書所建構的。西江以極爲出色的文筆淡然描述非洲的日常生活。以下段落便是節錄西江對肯亞首都奈洛比生活的描述。

餐廳有兩位來自鄰國坦尚尼亞的少年和兩名盧希亞族的青年擔任服務生，

還有約五、六名穿著綠色制服的盧希亞族女侍，她們年齡大約是十七、八歲到二十四、五歲。上午十點左右到晚上十一點，她們一邊喝啤酒一邊工作，不斷把零錢投入點唱機中，以極大的音量播放非洲流行歌曲，大家歌唱、跳舞、嘻笑，也彼此怒罵。我完全沒有看過這些女孩哭泣，也沒有看過她們在人前嘆息。

半夜關店之後，她們前往附近的廉價旅店，有些人會和當天晚上在店裡遇到的男子一起消失，有些則是先獨自前往旅店，然後再找男人一起上街。她們沒有屬於自己、可以回去睡覺的房間。

（《有花的遠景》）

西江所描寫的非洲，有女性的賣春，也有暴力與犯罪，但是還有具備韌性、堅強的活著，因為一時興起而跳舞的非洲人。縱使景象悲慘，不知為何我讀完之後並不覺得悽慘，反而感到一股清爽。我想這應該是因為西江所描寫的非洲，讓人感受到滿滿的活力、悸動，以及原始生命的歡愉。

音樂家布萊恩．伊諾（Brian Eno）曾經與《WIRED連線雜誌》前總編輯凱文．凱利（Kevin Kelly）對談，提到：「問題是在電腦中沒有足夠的非洲。」（美國版一九九五年五月號／日文版 二〇一七年 VOL.3）伊諾認爲古典音樂象徵了古典的階層結構、序列化及統御，而非洲所呈現出的是反主流文化。對伊諾來說，非洲無法預測，也沒有統御的觀念。而是永無止境的旋律與代表原始欲望的舞蹈。

隨著這股律動，非洲超越最後的邊境，坐上了世界中心的位置。

各國與非洲

非洲是全球第二大洲，面積三千萬平方公里，沒有低矮的平地，多半是海拔三百公尺以上的高原，因而被稱爲高原大陸。不管是地理或心理層面，非洲和日本都說不上相似，大部分日本人應該也不曾跟非洲人講過話吧。

說到非洲，總給人充滿內戰與恐怖活動的危險印象。但相對的，誠如衆人所知，非洲有豐富的地下資源。大量石油與產量居全球之冠的鑽石，都潛藏在非洲地底。釉礦等資源的產量也非常豐富。這些資源是已開發國家絕對不能錯過的。

二〇一六年八月，第六屆非洲開發會議在肯亞首都奈洛比舉行。日本也出席了，安倍首相宣布將利用三年時間，協助培育一千萬名非洲人才，同時還投入三兆日圓的基礎建設經費，投資非洲的未來。

還有另一個不能忘記的國家，那就是中國。

中國過去是石油出口國，但從一九九四年開始轉變成進口國，並展現了一年七％的高度成長，所以他們必須尋找新的石油來源，提供人民使用。

中國過去一直支持非洲國家擺脫西方殖民主義，前國家主席胡錦濤從二〇〇三年開始密集訪問非洲，致力加強雙方關係。同樣的，習近平也持續頻繁訪問非洲。中國對非洲提供了莫大的援助。

二〇〇六年中非合作論壇的北京峰會上，中國甚至免除了多個非洲重債窮國與低所得國家的債務。我曾經問過兩個非洲朋友，雖然他們各有不同的感想，但就整體來說，他們並不覺得中國是壞人。而且，根據非洲三國所做的好感度調查排名由高至低爲，英國、中國、南非共和國、德國、日本、法國、印度、美國（《寫給社會人士的現代非洲講義》）。

當然，中國這麼做是想開發非洲、確保資源，並進一步販售自己國家的商品。

現在，讓我們來看看非洲的人口和經濟發展程度。

超高淨值人士的人數與成長率

國家	2014年	2024年	成長率（％）
阿爾及利亞	36	51	42
安哥拉	72	112	56
波札那	20	26	30
埃及	276	387	40
衣索比亞	36	72	100
迦納	31	62	100
肯亞	115	209	82
利比亞	42	66	57
摩洛哥	41	64	56
莫三比克	10	19	90
納米比亞	17	23	35
奈及利亞	210	399	90
蘇丹	8	12	50
坦尚尼亞	78	156	100
突尼西亞	57	88	54
烏干達	21	35	67
尚比亞	16	29	81
辛巴威	26	38	46

非洲富裕階層的增加

在日本人口即將低於一億兩千萬人的二〇二四年，非洲的富裕階級將呈現成長。根據《二〇一五全球財富報告》顯示，到二〇二四年，非洲富裕階級人數的成長率將呈現兩位數。讓我們來看看超高淨值人士（Ultra - high - net - worth individuals，簡稱UHNWI），也可以稱為超富裕階層人士的變化。這個詞的定義是資產超過三千萬美元，亦即資產高達三三億日圓以上的人數。透過圖表可以發現，非洲各國的富裕階層都在增加。就非洲整體來說，從二〇一四年到二〇二四年間，人數會成長五九%。

如果只看非洲或許無法了解，不過和其他地區比較之後，便可以發現同一時期超富裕階層的全球平均爲三四%；亞洲成長四八%；歐洲、美國一樣都成長二五%，非洲的成長率甚至比亞洲還高。

以上是從具象徵性的超富裕階層來比較，若是一般定義下的富裕階層，就是百萬富翁（資產超過一百萬美元）的人數，在同一時期，非洲也增加了五三%。同樣的，這個成長率比世界上任何地區都來得高。

人口和GDP的成長

除了富裕階層，我們也來看看整體人口。根據《世界人口展望》，今後亞洲人口將呈現老化且成長趨緩，但非洲卻會急速上升。大家不必太介意詳細數字，但是透過這些數字可以理解，世界人口的中心將變成非洲。

根據二〇一五年聯合國調查推算，全球七三億五千萬人口中，非洲便占了十二億。以比例來說是十六%，二〇二四年會上升到十八%，二〇五〇年是二六%，到了二一〇〇年，則

世界各地區的人口變化

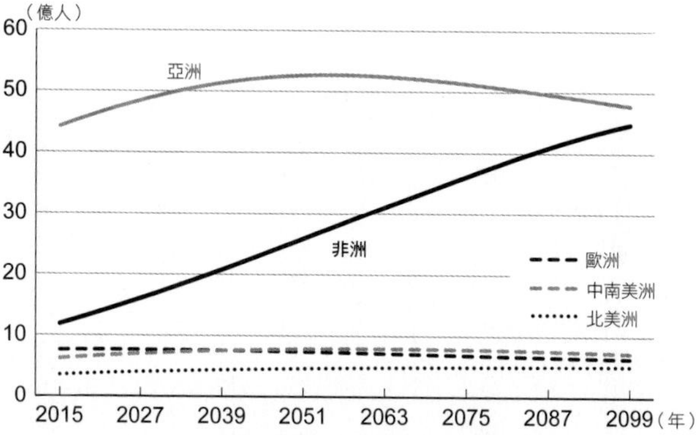

非洲的實質GDP成長

2010年	2020年	2030年	2050年	2060年
4.90%	6.20%	5.90%	5.30%	5.00%

會攀升到四〇%。

再者，二〇五〇年人口數位居前二十名的國家中，估計有七個是非洲國家（奈及利亞、剛果民主共和國、衣索比亞、坦尚尼亞、埃及、肯亞、烏干達），特別是奈及利亞將有四億一千零六萬人，排名世界第四。

人口增加或許理所當然，但GDP也會持續成長。根據非洲開發銀行預測，非洲往後將持續成長五十年。

值得注目的三個國家

讓我們來思考非洲商業顯著成長

的課題。目前已經說明了非洲大致的情況，但對於國家的各別狀況，我們又了解多少呢？

之前曾經發生過這麼一件事。我孩子上幼兒園時，我遇過兩位來自非洲的父親。他們的共同點是幾乎不會講日文，口才也不是太好。其中一人經營二手車出口，據說是銷售到非洲。

「你都怎麼進貨？」

「在日本有定期的二手車拍賣會。」

「嗯～非洲是右駕嗎？」

「每個國家都不一樣。」

「左駕的國家怎麼辦？」

「改裝之後再送過去。每個車種都不一樣，大概花三十到五十萬日圓就可以改成左駕車。」

「哪個廠牌的車子比較受歡迎？」

「每個國家都不一樣。」

「說的也是。奈及利亞呢？」

「豐田的車子。」

「好賺嗎？」

「那要看國家和市場的狀況。」

姑且不管這位父親是否不太想和我說話，但對話時，我一直聽到他說，「每個國家都不一樣」，的確就算有人問我：「亞洲狀況如何？」我應該也答不上來，雖說同爲亞洲，也有各種不同的文化圈和背景。但是，當我們說到「非洲」時，總是忽略各別差異，只會認爲它是一塊未知而巨大的大陸。

因此，我就從商業的觀點，爲大家介紹安哥拉、奈及利亞、盧安達這三個國家。

安哥拉

安哥拉盛產原油及鑽石。二〇〇〇年代中葉，經濟成長率超過二〇％，影響這個現象的主要原因就是原油出口。二〇〇七年，安哥拉加入石油輸出國家組織（ＯＰＥＣ），中國除了從俄羅斯和沙烏地阿拉伯進口原油，很意外的第三個國家就是安哥拉。

說個題外話，我們應該也要注意緬甸。緬甸這個時期的發展和中國有密切的關係。中國從緬甸穿過安達曼海，再從印度洋繞到非洲南部，就是爲了從非洲的安哥拉和奈及利亞採購

安哥拉、奈及利亞、盧安達

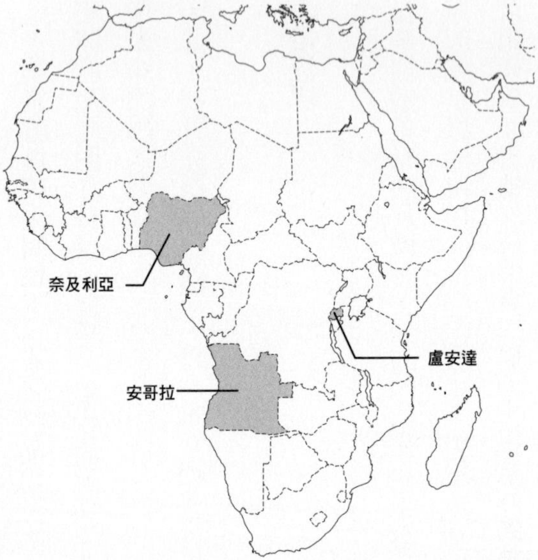

原油。

看世界地圖就可以知道，從緬甸港口出發的路徑，遠比經過新加坡和麻六甲海峽還要短。中國投資非洲，積極對非洲展開政府發展援助的同時，也在亞洲安排好了物流據點。

中國計畫開發緬甸，運送原油，然後再經過緬甸，將自己國家的商品送到非洲。從中國出口策略的觀點來看，安哥拉確實值得多加注意。

奈及利亞

奈及利亞的GDP爲四千九百四十五億美金，也是石油輸出國家組織的一員。這個國家的收益有八成來自原油。這股力量非常龐大，使得奈及利亞的GDP已經超越南非。奈及利亞沒有正式的GDP統計，將電力通訊和金融業合計之後，被「認定」爲非洲的第一經濟大國（二〇一五年原油市價下跌，奈及利亞受到重大打擊也是事實）。

奈及利亞在脫離英國獨立的四年前發現了原油。從獨立的觀點來看是幸也是不幸。因爲自從在獨立前的一九五六年發現原油之後，國家內部就開始出現混亂。內戰頻仍，國家一分爲二，造成兩百萬人死亡。現在許多英國企業都前往奈及利亞發展，出現了堪稱新殖民主義的資源爭奪戰。

雖然奈及利亞的原油被歐美奪走，但現在中國積極介入。爲了確保原油，中國接連啓動兩國之間的計畫，奈及利亞藉此得以向中國融資，用於整頓發電及原油設備等基礎建設。

中國向奈及利亞採購原油，相對的，中國也以低廉的價格提供紡織製品給奈及利亞，這部分過去一直由奈國國產品稱霸。中國的厲害之處在於，二〇〇七年後取代了美國，成爲奈及利亞的最大石油進口國。中國狡猾的戰略，造成奈及利亞國內的紡織產業變成了夕陽工業。中國本來需要依賴奈及利亞和安哥拉提供原油，然而透過提供自己國家製造的廉價紡織製品，局勢轉變成奈及利亞依賴中國。

一如先前提到的，奈及利亞帶動非洲人口增加，也因消費力提升，成爲受矚目的市場。

盧安達

盧安達位於內陸，缺乏地下資源，卻被稱爲「非洲的奇蹟」。盧安達近十年內的經濟成長率都維持在八%，現在還積極延攬全世界的新創企業。盧安達政府在二〇〇〇年發表的「視野二〇二〇計畫」，等於宣示了盧安達將運用ICT，晉升爲已開發國家。

盧安達邀請卡內基美隆大學開設電腦碩士課程，並且提供長期演進技術（LTE）服務，展開數位政府計畫。在世界經濟論壇中，盧安達還被讚許爲優秀善用ICT的政府。

一九九四年的盧安達大屠殺讓人記憶猶新。但現在，盧安達政府以貪汙人數之少而聞名，清廉印象指數（CPI）在二〇一六年爲全球第五十名，是次於波札那的極佳名次。在盧安達容易成立公司且治安良好，因此獲得高度評價。

在《WIRED連線雜誌》日本版第三期中，訪問了來自加州、在盧安達成立新創團隊經營無人機配送服務的Zipline公司。該公司推出以無人機將血液運送到醫院的服務。「選擇盧安達是因爲他們對衛生保健和所有挑戰都提供很大的援助。……最重要的是，許多盧安達人都擁有創業家精神」。非洲擁有的優勢是，可以馬上使用已開發國家花了一百年開發的科技，而且政府對學習新技術的態度非常積極。

企業反應之一：針對人口增加這一點

過去，非洲藉由能源價格高漲來賺取外匯，提升經濟實力，增加個人消費。事實上，原油價格與整個非洲的GDP合計有密切的關係。再加上他們歡迎投資，並將所得轉化成個人消費。

在非洲，個人消費超越政府消費、農林漁業、礦業、製造業等，最能為經濟成長帶來貢獻，於是外商公司便聚焦於此。從十多年前就很流行金字塔底層（BOP）這個字眼，指的是針對非洲低所得階層的消費品販售，外商公司持續進攻清潔劑等日用品到飲料等商品的市場。

非洲過去超市的主要客層為富裕階級，但現在已經拓展到以市井小民為對象的零售店。一旦有喜歡的商品，非洲的消費者通常會持續使用，而且這個傾向比其他地區都來得明顯。一般財團法人經濟產業調查會發行的《非洲商業》（アフリカビジネス）中，便提出「保固是必備條件。必須針對電視提供三～五年的保固，電冰箱則是十年」「維持品牌形象非常重要，一旦降價，品牌價值也會跟著下降，日本和韓國企業從來不降價」。

企業反應之二：改善健康狀況的商業

非洲極度欠缺醫療體系，也需要便宜的藥品和私立醫院。根據下一頁聯合國二〇一七年的調查，從二〇一〇到二〇一五年期間，全球的出生時平均餘命爲七〇·八歲，相對於此，非洲只有六〇·二歲。

非洲感覺上多半是農業國家，勞動人口中有六成都從事農業工作，但農業生產力卻只有已開發國家的五分之一到四分之一。在這種低生產力的狀況下，糧食供應應該會出現問題。即使是從提升健康的角度來看，向非洲人提供農業技術，也是個既老又新穎的課題。此外，爲了讓有意願者擁有足夠的能力購買農業機械，小額貸款不斷發展。

有些貿易公司爲了將穀物出口到非洲，展開從阿根廷等國送往非洲的貿易活動。

根據聯合國開發計畫顯示，在肯亞女性一天大約要工作十一個小時。事實上，肯亞只是一個例子，整個非洲的家事勞動時間都很長，但是她們也需要利用短暫的空檔爲子女製作美味的料理，因此加工食品公司也開始往非洲發展。

出生時平均餘命

肯亞	衣索比亞	剛果民主共和國	奈及利亞	南非	赤道幾內亞
65.4	63.7	58.1	51.9	59.5	56.8

企業反應之三：開拓未開化的領域

我在談論盧安達的篇幅中，曾經引述「非洲擁有可以馬上使用已開發國家花了一百年所開發的科技的優勢」這句話，而另一個在非洲進行的有趣計畫是，在肯亞實施的OkHi服務。

全球七十三億五千萬的人口中，有地址的人大約只有三十億，超過四十億人沒有地址。就算想寄送物品也寄不了。但是，他們擁有可以用GPS進行觀測的座標，藉此便可增加配送對象。

同樣的，在非洲的部分地區至今依然沒有電力系統。讓那些地區自行提供電力是一個解決方法，因此出現了販售簡易自家發電裝置的服務。

非洲無法透過既有基礎建設充分供應電力，隨著人口增加，電力的需求量又更大了，因此各國都加速擴大投資可再生能源。雖然目前大家仍對可再生能源是否能提供充足的電力還存疑，但太陽能發電確實相當受到重視。

現在區塊鏈技術引起大眾的熱烈討論，比特幣用的也是這種技術。簡單來說，區塊鏈的原理是，將密碼化的資料分散在各處的電腦，讓資料難以竄改，而非將資料放在中央伺服器集中管理。現在這項技術被計畫在運用非洲的土地登記系統上。因爲在非洲，大家無法相信政府，如果只將土地管理資料交給國家，很可能被恣意更改。如果可以透過區塊鏈來控制，因爲安全性提高了，便可吸引海外的投資。

經營非洲市場需要戰略

若說非洲的經濟狀況安全，倒也未必。因爲非洲依賴原油出口，當油價下跌，國家財政便直接受影響，所以有些人開始「利用」非洲的難處。

特別是中國，他打造了供應鏈：從非洲進口原物料，利用亞洲的廉價勞力，再將製品販售到非洲。的確，這和殖民地時代的壓榨體制大同小異，但是我們必須承認，中國以奈及利亞等的非洲國家作爲市場，進行開拓，這樣的做法確實有先見之明。

日本必須擬好戰略與非洲接觸。我建議可從前往奈及利亞等國觀察當地的情況開始。

二〇二四年會出現的變化

- 非洲在世界舞台上的存在感提高，特別是基於人口增加而帶來的商業活動，相當蓬勃興盛。

必須思考的事

- 為自家商品開拓非洲市場
- 農業相關商業的應用

這種東西會暢銷

- 食品
- 日用品、雜貨
- 基礎建設相關事業

賺錢方式

非洲人口增加可爲企業帶來更多機會

非洲的一大特色是工作者會到其他國家就業。每年有兩百五十萬的非洲人離開國家，前往其他國家工作，而這也意味他們會送很多生活費回國。現在送錢時也可以透過比特幣來匯款，未來勢必需要可以連結工作地和自己國家的服務。

此外，讓我們回想日本的高度成長期。日本過去因爲人口增加，餐廳業界沒有足夠的時間烹煮食物，因而誕生了中央廚房。此外，奧運期間保全人員不足，也帶動民間保全公司大幅成長（像日本保全公司SECOM等）。

非洲人口增加後，若想增加住屋，會發生什麼狀況呢？那個時候的問題應該是建築業者人數不足，更何況日本還擁有出色的建材生產技術。

再者，人口增加將提高都市密度，若因此車滿爲患，會發生什麼狀況呢？情況應該會比已成事實的亞洲塞車更嚴重。這個時候，可以在車裡輕鬆打發時間的遊戲應該會很受歡迎。

從人口增加發想，應該可以得出各種不同的點子，爲企業帶來莫大的商機。

二〇二五年

戰後嬰兒潮邁入七十五歲

過去的銀髮商機不再，專為銀髮族設計的商業活動已是常態

P	Politics 政治	為了抑制醫療費用的增加，全國上下都必須致力增進健康。
E	Economy 經濟	銀髮族行銷進入下一階段，不讓消費者意識到自己年紀的商品或服務開始流行。
S	Society 社會	二十歲以下的人口只占少數，日本將成為只有成年人的國家。
T	Technology 技術	可藉由日本執行過的案例，發展針對邁向高齡化國家的顧問服務。

變化特徵

日本的高齡化問題已持續多年，已成爲一個沒有年輕人的國家。與其說銀髮族是特別的族群，倒不如說他們已經逐漸成爲新常態。到了二〇二五年，商品開發者和需求者將出現代溝。銀髮族並非自己想要變成銀髮族。最重要的是把銀髮族當成一般生活的人，他們並不會因爲變老而失去和他人溝通的欲望。爲他們打造與孫子或伴侶關係的商業活動，將慢慢變得重要。

再會了，青春歲月

我去看牙醫時，詢問如何預防蛀牙的問題。結果，和我同一世代的牙醫說：「大叔，你蛀牙的惡化情況已經減緩了，要小心別得到牙周病。」牙醫口中的「大叔」不是別人，就是我。

「我眞是太難過了，到底從幾歲開始算大叔呢？」

「大概三十四歲左右吧，和我們小時候不太一樣。」

這是怎麼回事？不知不覺間，我在幾年前就成了牙醫所定義的「大叔」了。仔細一想，我二十二歲上班的公司，那些三十五歲左右的前輩員工，看起來的確就是「大叔」或「伯伯」。

我曾看過這麼一段經驗分享——在我還沒意識到自己是老師時，就不知不覺站上了講台，扮演教導學生的「偉大」角色。從這層意義來說，我似乎也在不知不覺間成了「大叔」，當別人說出這件事時，我還是覺得很不自在。

現在，「銀髮族」這個稱呼已經非常普遍。銀髮族的定義有點模糊，大概是五十五歲或六十五歲以上，當事人若被定義爲銀髮族時，想必不會太開心。二〇一八年九月，日本最具影響力的政治新聞評論家田原總一郎八十四歲；世界知名的北野武七十一歲；日本搞笑藝人塔摩利七十三歲；跟上面兩位、同列爲日本搞笑藝人三巨頭之一的明石家秋刀魚六十三歲；日本歌星桑田佳祐也是六十二歲。到處都是看起來比實際年齡還要年輕的人。就算不是藝人，身邊也有許多身體非常硬朗的六十或七十世代。事實上，根據近年針對體力和運動能力所做的調查，所有高齡者的體力都越來越好。

所以，當銀髮族看到「銀髮族」三個字時，就會很難下手購買那件商品。不，應該說是不想買。當商品老是強調健康或少鹽時，反而會讓人抗拒。

我們明明了解自己，然而面對充斥市面的銀髮族行銷時，感覺似乎又與自己無關，銀髮族行銷這件事本身就充滿矛盾。

日本二十歲以上人口的占比

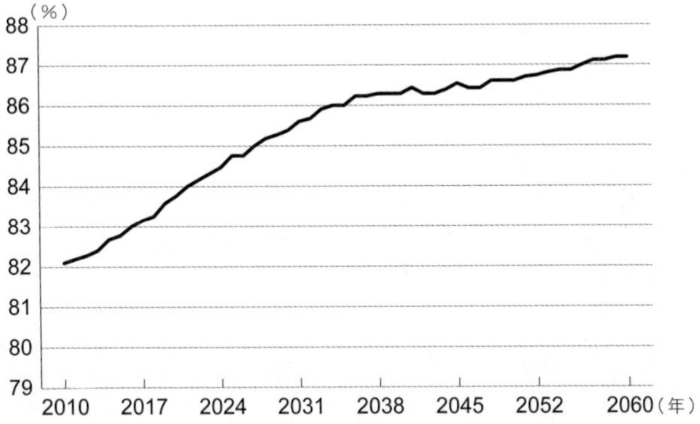

人口變化

根據《二〇一四年版高齡社會白皮書》，到了二〇二五年，戰後嬰兒潮年屆七十五以上的高齡者人口將達到三六五七萬人，高齡化比例爲三〇・五％，也就是說，日本將徹底變成一個高齡化社會。所謂的後期高齡者（年齡超過七十五歲的人）會增加，而照護者的需求也將提高，但現在依然供不應求。而且，戰後嬰兒潮的下一代，他們的育兒工作還沒結束，必須同時身兼照護老人與育兒工作。

首先，讓我們來看看日本的人口結構。非常意外的，許多人不知道，日本人中有多少比例是二十歲以上的所謂「成人」。事實上，超過了八〇％。

日本成年禮總給人一種終於「長大成人」的印象。但是，幾乎所有日本人都是「大人」，區分孩童與大人這件事，變得幾乎沒有意義。

而且，將來成人的比例還會超過九成，這個變化非常戲劇化。以前，有評論者主張「平均壽命四十歲的時候，二十歲才算成人，所以現在參加成年禮的年齡應該改爲四十歲」，這個看法是正確的。但是，現在連這樣的區分也沒有必要了，因爲所有日本人都是「成人」的未來即將到來（年齡結構係數〔少年人口、生產年齡人口、老年人口占總人口數的比例〕：以出生中位數〔死亡中位數〕推算）。

現在，儘管醫療保險制度和年金制度讓人不得不感到悲觀，但我在此還是想積極論述。

銀髮族消費者

讓我們來看看銀髮族消費者。

高齡者的經濟狀況如何呢？如《二〇一七年版高齡社會白皮書》顯示，「家庭經濟尚有餘裕，生活上完全無須擔心」與「家庭經濟不甚寬裕，但不需過分擔心」的合計人數，七十五歲後的受訪者雖然上升，但相較於整體，並不是太多。

但是，若已經退休，不可能不爲收入減少而擔心。參照一二〇頁的圖表，看看實際的儲

高齡者的生活趨勢

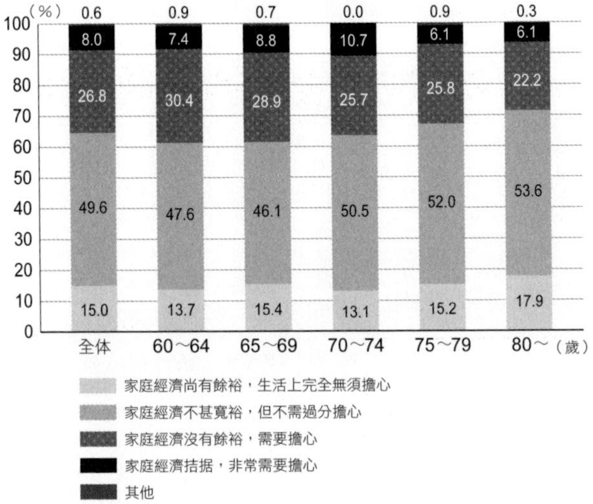

資料來源：內閣府〈高齡者的經濟及生活環境相關調查〉（2016年）
（註）調查對象為六十歲以上的男女

蓄金額，果然非常高。若戶長爲六十～六十九歲，有二四〇二萬日圓的存款，七十歲以上也有二三八九萬日圓，差異不大。當然，一如「下流老人」這個名詞所呈現的，我們不能否認有些老人的生活陷入困境，但並非全都如此。

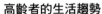

現代銀髮族的年輕活力

他們不光有錢，還充滿元氣。

在漫畫《海螺小姐》所描述的年代，退休年齡是五十五歲，這種狀況一直持續到一九八〇年代。之後，即使超過六十、六十五歲，還是有很多人繼續工作。漫畫主角海螺的父親磯野波平

依戶長年齡區分，每個家庭的
儲蓄／負債金額、年收、成家率

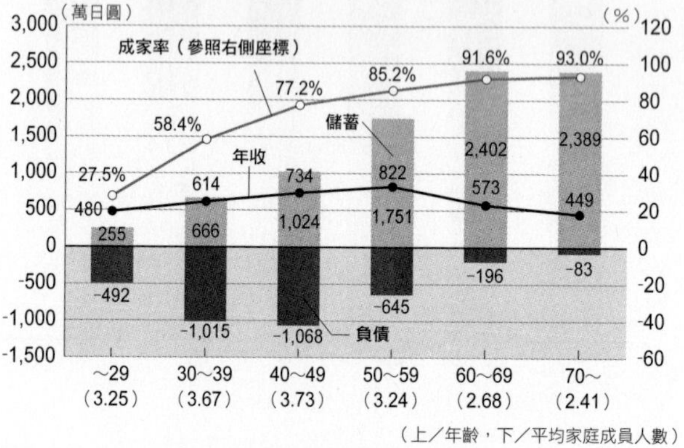

資料來源：總務省〈家庭經濟調查（兩人以上家庭）〉（2015年）

被設定爲五十四歲。因爲漫畫表現了當時社會的潛意識，所以若把他設想爲當時五十四歲的人，應該不會有錯。這樣看來，我們可以假設現代銀髮族大約年輕了十五歲。

事實上，日本老年醫學會於二〇一五年提出了「現代六十五～七十九歲者的生理年齡比之前的高齡者年輕了五～十歲」的分析結果，引起大眾議論。雖然有人持不同的意見，但大致感覺得到這種重返年輕的說法可以被接受。

一二一頁圖表較具象徵性，就是六十世代擁有牛仔褲的比例。若說牛仔褲是年輕的象徵，或許言過其實，但根據Video Research公司的調查，現在的六十世代，超過七成的人都擁有牛仔褲。

60世代擁有牛仔褲的比率

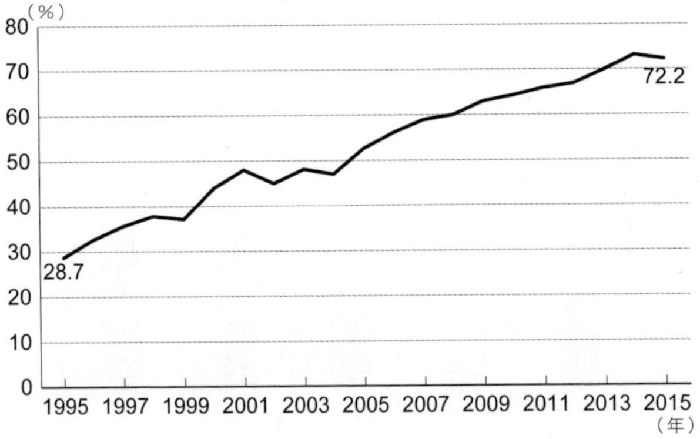

銀髮族行銷會持續到永遠

因此，具體的行銷對象必然會轉移到銀髮族。過去每個月的二十五日，消費活動都非常活絡，因爲這一天是負責工作賺錢的父親領薪水的日子，但現在轉移到十五日了，因爲政府在這一天支付年金。年金雖然採隔月支付，但就銀髮族的習慣來說，多半會在每個月十五日這天消費。

一二二頁的圖表是爲了觀察男女差異，依照不同年齡，針對單身戶所做的年度牛肉平均消費金額統計。現在，購買最多牛肉的是女性銀髮族，所以應該將「肉食女子」修正爲「肉食高齡女子」才精準。而且奇特的是，購買者背後的原因可能是她們的孫子，所以，各家公司都不約而同的針對銀髮族，將牛肉包裝成「想買給孫子的食物」。

牛肉消費金額（一年平均）

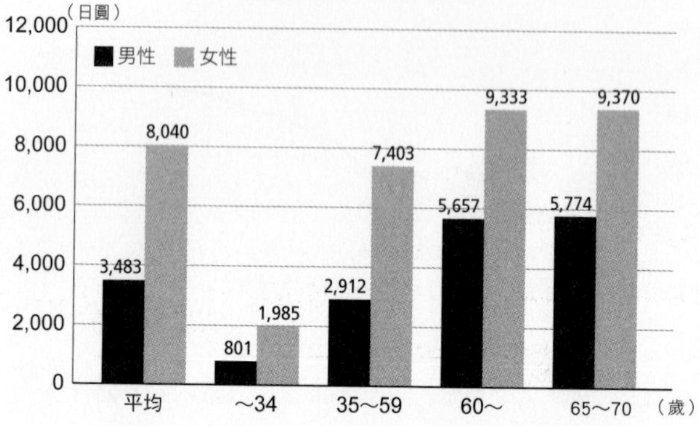

資料來源：家庭經濟調查

根據大垣共立銀行集團的智庫：共立綜合研究所股份有限公司直接研究後的報告〈花在「孫子」身上的支出實態調查（二〇一一年）〉，「花在孫子身上的支出」一年平均高達二六．七萬日圓（！），花在同住孫子身上的支出，每人平均約八．三萬日圓，花在分開居住孫子身上的支出，每人平均約七．二萬日圓。一年平均花在孫子生日的費用是四萬日圓，需要注意的是，孫子不只一人。

在高齡化的日本，這樣的趨勢是必然的。而且，行銷方式必須將焦點放在消費者的煩惱與不滿，過去以年輕人爲核心，未來則將以中高年以上，至少是出了社會、開始工作的人爲主。

各式各樣的嘗試：①店鋪設計的變化

社會高齡化也會影響店鋪的設計。像Roomba掃地機器人這種產品，不必爲了拔插頭而蹲下，所以十分暢銷，但年輕設計者卻感受不到這一點。超市經常會把想銷售的商品擺放在消費者比較容易看到的地方，但必須考慮到以女性銀髮族的身高來調整商品的排放高度。此外，對許多銀髮族來說，站著購物非常辛苦，所以若賣場中擺了許多椅子，營業額也會成長，因爲陪同購物的先生喊著「快點回家吧」的次數減少了。

現在，有些大型超市會嘗試在樓梯上標示階數，目的是把超市內部變成廣大的運動場，若銀髮族能記下自己爬了幾階樓梯，應該更能享受購物之樂。

事實上，我的孩子也是如此，大型超市中的電玩區已經成了孫子和祖父的遊戲場。因爲玩過「太空侵略者」（日本太東公司於一九七八年發行的大型電玩遊戲）遊戲的祖父，比較不會排斥電玩區，也因此這裡可以變成和孫子相處的地方。

各式各樣的嘗試：②興趣、戀愛、旅行

以前，學習銀髮族、育兒銀髮族、輕浮銀髮族非常流行。不知道現在還有多少輕浮的爺爺，目前因為多半是雙薪家庭，如果爺爺奶奶住在附近，必然需要幫子女照顧孩子，而音樂教室、大學、文化中心的教育講座也非常受到有求知欲銀髮族的歡迎。

很多人在踏入社會的同時，會將自己玩過的樂器束之高閣，想著有空時再來挑戰，我也一樣。教吉他的音樂教室、作曲教室也非常有人氣，而且若能彈奏樂器，也可以和孫子有機會互動。

希望讀者能夠以自己父母的年齡來看一九六四這個世代。因為這一年，日本國外旅行開始自由化，現在的銀髮族對出國比較沒有心理障礙，也因此旅行社的旅遊提案功能也變得更重要了。

此外，有些超級市場也跨越了原有的經營範圍，開始舉辦銀髮族圍棋大賽，或規畫高爾夫球賽，交流溝通本身成了商品。

雖說是銀髮族，他們並不會因為年紀而放棄追求幸福。因為，根據我在養老院中聽到的訊息，長踞入住者人氣話題榜首的，就是入住者之間的戀愛故事。或許戀愛和美容的程度都

無法和年輕時一樣，但他們還是想讓潛藏在心中的感情流露出來。大家要記得，不管是在文化中心，還是學習才藝，都有機會認識新的伴侶朋友。

各式各樣的嘗試：③家務協力服務

之前提到對銀髮族而言，家務協力服務變得非常盛行。事實上，很多銀髮族雖然能夠去購物，卻因爲物品太重而無法帶回家。透過這項服務，客人可以把超市當成休閒場所，空手去、空手回。他們可以上網預約服務，也可以到同一集團的便利商店櫃檯申請。

若以爲所有的銀髮族都無法使用智慧型手機或平板電腦，就陷入了我之前提到的陷阱，銀髮族只是沒有機會學習如何使用。所以也可以試著思考，請客服人員當面，從第一次下訂開始，仔細教導銀髮族如何使用服務，事實上，類似的服務已經出現了。

不斷尋找便宜的店家，或因爲沒有自己想買的商品而改買其他品牌這樣的行爲稱爲品牌轉換。因爲銀髮族通常不會想到可以改買其他品牌，所以很值得投注成本（所謂不會轉換，或許只是當時的看法）。

銀髮族是新興消費客層

我去祖父母家時，看到掛在牆上的祖先照片，曾為他們實際年齡之低感到驚訝。祖先雖然只有五十多歲，但面容非常蒼老，他們在三十多歲時可能就有即將退休的感覺了。

雖然我不斷提到銀髮族行銷這個字眼，但請不要把銀髮族想成高齡者或老人家，應該視他們為全新消費階層的誕生。換句話說，這群人其實還能工作，體力和腦力都沒有問題，只因為退休了，所以有多餘的時間。

北野武曾在電視節目中以Beat Takeshi（Beat為北野武的藝名）這個搞笑藝人的身分說出「高齡者最厲害」這句話。他說出這些梗：「最厲害的就是高齡飛車黨」「住手，你還有未來」「我才沒有什麼未來呢」，在社會的高齡化狀況如此嚴峻下聽來，更顯得有趣。換句話說，不用考慮未來，只需盡情享受餘生的消費者已經誕生了。

二〇二五年會出現的變化

・日本成為高齡者占人口大半的國家

必須思考的事

- 讓銀髮族不會意識到自己是銀髮族的生意

這種東西會暢銷

- 針對孫子設計的商品
- 交流服務
- 與銀髮族的興趣、戀愛、旅行有關的生意

賺錢方式

高齡化戀愛市場

以後可能會出現高齡版的戀愛實境秀。在日本亞馬遜上也推出這個節目的Amazon Prime影音播放，這是由幾個女性互相爭奪一名高雅男性的無聊節目。在現今這個時代，高齡、單身，但充滿魅力的女性，相互爭奪一名高雅男性，這樣的情節已非無聊搞笑，而是充滿了真實感。

出現在弘兼憲史漫畫佳作《黃昏流星群》的四十世代女性，在十多歲人的眼裡看來，或許已經是「歐巴桑」了，但對大多數日本人來說，她們其實都還算「年輕」。作者自己也說，他想透過漫畫，展現四十世代女性的魅力（出自《怎麼辦？怎麼辦？日本的大問題》）。

現在已是人生百歲的時代。即使步入七十後才找到最後的戀愛，也還有三十年，這完全是《雙層公寓》這齣實境秀的銀髮族版本，未來一定會出現配對交友服務。而且，在照護者不足的情況下，從高齡者互相幫助的觀點來看，高齡版共居宿舍是很有前景的。

日本應該會成為其他國家的實驗室，未來在日本還會出現什麼樣的生意呢？這些商業模式應該可以當成直接進軍海外的靈感，說不定，日本這個老年國家的商業活動，對已步入超高齡化的中國來說，有機會提供顧問服務。

二〇二六年

年輕人行銷的關鍵是，社群媒體與愛國

國家日落西山，但年輕人心滿意足

P	Politics 政治	為了減輕年輕低所得階層的賦稅，提高了標準扣除額。
E	Economy 經濟	學生的生活費金額降到最低，年輕的社會人士也減少消費支出。
S	Society 社會	年輕階層的生活滿意度反而變高，也展現出愛國傾向。
T	Technology 技術	網路社群媒體進一步發展，很簡單就可以公開生活紀錄。

變化特徵

很遺憾的，年輕人的經濟狀況並非寬裕，但生活滿意度卻提高了。雖然消費支出確實減少了，但消費模式卻非常合乎邏輯。年輕人傾向在網路社群媒體分享自己的日常生活，愛國心也越顯濃烈。他們需要的是讓經常掛在網路上的人可以「按讚」的商品。

關於二〇二六年的年輕人

二〇二六年是櫻桃小丸子連載四十週年，鹹蛋超人誕生六十週年，假面騎士誕生五十五週年，以及海螺小姐誕生八十週年，這一年適逢許多經典作品的紀念週年。本書二〇二五年的主題是銀髮族商機，我們同時也需要思考針對年輕人的商業活動。

我認為一九九五年是舊有日本體系崩壞的一年。速水健朗甚至寫了一本《一九九五年》的書。一九九五年發生了阪神大地震、東京地鐵沙林事件、微軟公司發行Windows 95、《新世紀福音戰士》電視連續劇首度播放，這一年同時也是泡沫經濟崩壞的關鍵年。雖然我當年只有十七歲，但已經知道日本開始動搖了。

不管好壞，如果把一九九六年視為日本改頭換面後的第一年，出生在那年的人在二〇二六年將步入三十歲，現在，應該已經開始找工作了。

我想大部分讀者應該都沒聽過「共修」這個日文字眼，指的是男女一起在學校上工藝或家政課。一九九三年中學開始實施男女學生一起上家政課，一九九四年高中開始實施。因此，這個年代的年輕人可說是第一個接受中性教育的世代。

年輕人不購物嗎？

大家常說「年輕人不購物」，但我覺得這個說法有些極端。看社會輿論會以爲年輕人完全不買東西，其實不然。若我們不管數據，而是實際走在街上，就會看到年輕人仔細挑選之後購買服飾，只不過消費模式已經從過去買輛汽車和女朋友去約會這種非常均一化的模式，轉變爲只在特定領域中消費的型態。

如果年輕人不購物，儲蓄率應該會是過去的幾十倍（假設他們把生活費之外的所有金錢都儲存起來），但事實並非如此。

那麼，年輕人究竟把錢花在哪裡呢？觀察一個月的消費支出變化後，可以發現金額確實在下降。

每戶每月的消費支出

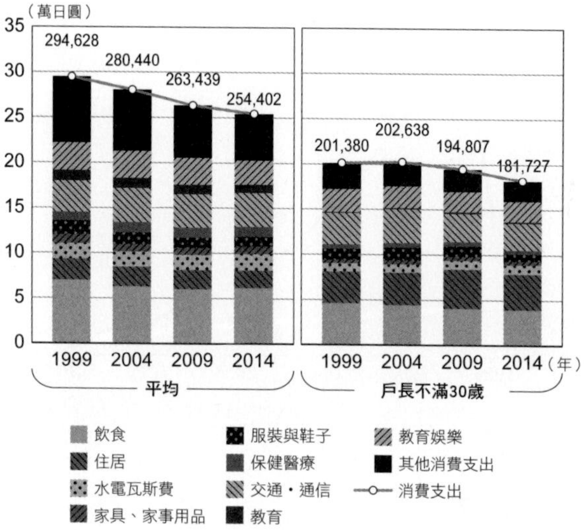

資料來源：消費者廳

不過即便這樣，還是有人斷言「年輕人不購物」。他們認爲特別是大學生，應該對買東西沒什麼興趣。我比較不同意年輕人的消費行爲會因人性而改變，不過就算有這樣的變化，也只是因爲年輕人沒有錢。

一三四頁的圖是根據東京地區私立大學教師工會的〈二〇一六年私立大學新生的家庭經濟負擔調查〉，顯示學生獲得的生活費金額不斷減少。從一九九四年十二萬四千九百日圓的最高值，急速減少到二〇一六年的八萬五千七百日圓。

日本半數的大學生靠著包含獎學金在內的學貸，勉強支撐學生生活。他們

「6月以後的生活費金額（月平均）」的變化

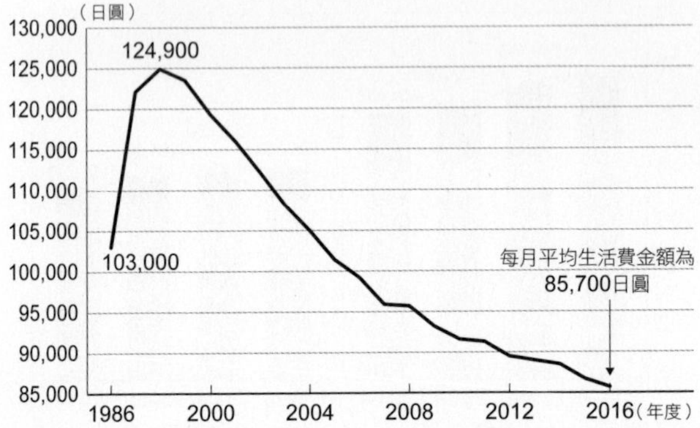

註　日本學校四月開學，四月和五月必須支付多項大筆費用，六月之後的花費才屬於一般常態

必須重視性價比（CP值）。

年輕人的消費行爲有特徵嗎？

我因爲工作，有機會和各種公司的員工交流，其中也包含新進員工。交談過程中，我雖然很想以「最近的年輕人」這句話作爲開頭來發表言論，但事情並沒有這麼簡單。現在的年輕人並不像評論家所講的都具有同樣的傾向，事實上每個人都不太一樣。

但是，如果要從現代社會的傾向來找尋商機線索，年輕人大概有以下三個特徵。

①雖然沒錢，但覺得滿足

讓我們來看看一三五頁、二〇一七年的《國

對於目前生活的滿意度

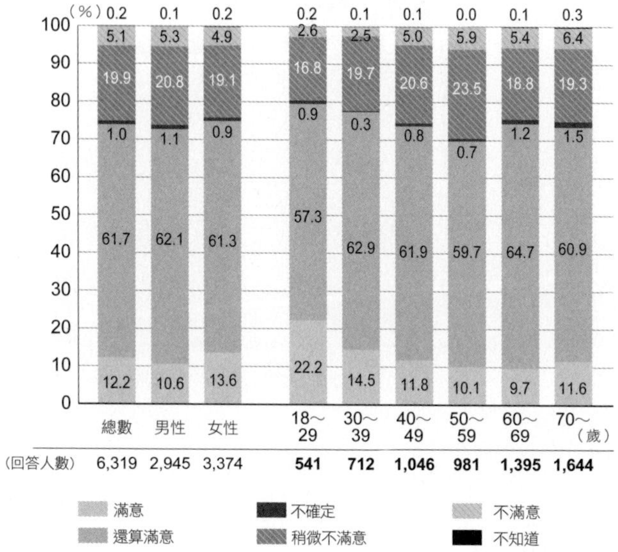

民生活相關輿論調查》。值得注意的是，從這個調查所定義的「滿足」（「滿意」+「還算滿意」）來說，比例最高的是十八～二十九歲的年輕人，有八成的人對現狀感到滿意。

所以，他們不用透過物質來展現自己。要搭車的話，跟別人共乘車輛就可以。與其說這些年輕人小氣，倒不如說很實際。

舉例來說，參考一三六頁的圖表，很多人都以汽車的使用習慣來說明年輕人不再消費，因爲被拿來當作約會用車的雙門車擁有率大幅降低。

摩托車也滯銷，若是消費者覺得有安全疑慮，那還可以理解。有趣的是，

小客車車門數
【包含所購買的上一部車】

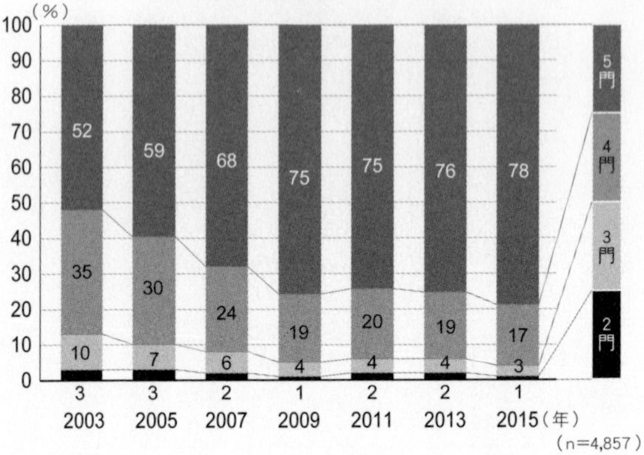

資料來源：一般社團法人日本汽車工會

很多人以「電動自行車」來代替摩托車，這也可以解釋爲行事風格很實際。

②喜歡平易近人的偶像

年輕人的第二個特徵是，透過像IG的網路社群媒體來消費。與其說尋找商品，倒不如說偶然看見商品。過去大家會在樂天網站上搜索、找尋商品；但現在的世代，會去研究在IG上「偶然看到」的商品。

雖然大家都說現代社會人際關係淡薄，但年輕人面對的是一個人際關係非常多元的社會。他們透過FB、IG與LINE，與這個社會連結。不管在哪個時代，大家都會評論年輕人沒有自己的意見，特別是現代，爲了讓人爲自己「按讚」，年輕人隱藏自己的意見，只寫些他人認爲

「好玩」「有趣」的內容。

換句話說，年輕人只是離開了由企業主導所推出的商品，而代表性例子就是ＩＧ。ＩＧ是以上傳照片爲主的網路社群媒體，對消費有巨大的影響。與其播放企業製作的廣告影片，讓網紅等意見領袖來介紹商品還比較有機會熱賣。

在行銷的專業中，有所謂的投資報酬率，這是觀察投資金額可以得到多少收益的指標。比方說，花一千萬日圓製作電視廣告，估計可以得到一千三百萬日圓的營業額。但這樣的計算方式並不正確，因爲買過商品的消費者，很可能會再度購買，所以顧客的終生價值也會變高。但是一旦採用前述數值，營業額與投入金額的比例就會變成一．三比一。

相對的，網紅行銷不需要投入像電視廣告那麼高的成本，但收益卻可高達二、三倍。換句話說，網紅行銷的效益遠高於電視廣告。

在日本有幾款介紹商品的雜誌，我在其中一本雜誌中有專欄。雜誌會檢視各項商品的規格，比較類似商品，分析哪一件商品最出色。但對年輕人來說，這種方法極度沒有效率，他們認爲只要買熟悉該領域的網紅所推薦的商品就可以了。

當然，這也可能是網紅的業配祕密行銷，所以年輕人分辨的嗅覺變得非常敏銳。人們開始可以分辨網紅是不是眞心推薦那件商品。然而即使如此，或許網紅所推薦的商品很少是劣

日本是一流國家

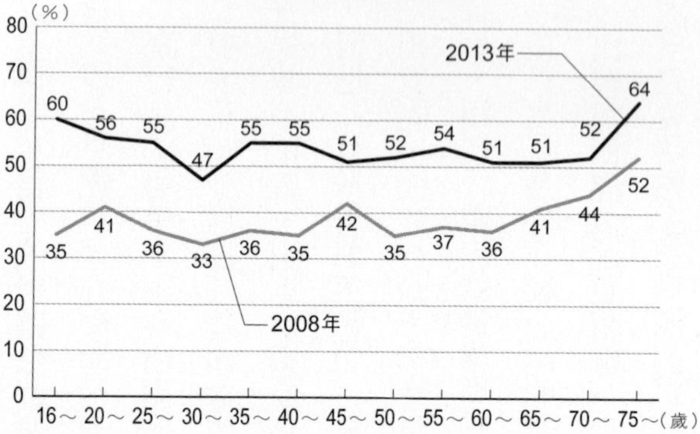

質品，只要「整體」沒什麼不好，就可以接受。只要「大致」正確，透過網路社群媒體取得資訊，遠比起閱讀開箱文、自己比較來得快。

③非常喜歡日本

根據野村綜合研究所於二〇一五年發表的〈從一萬個生活者的問卷，觀察日本人的價值觀與消費行爲變化〉可以發現，「以日本這個國家或國民爲傲」的年輕人明顯增加，特別是十世代與二十代的成長更爲顯著。以男性來說，十世代從四四．四％成長到七五．八％，二十世代從四九．九％成長到七一．一％；女性的話，十世代從四一．八％成長到八四．七％，二十世代從四九．二％成長到七八．三％。

當我還在爲比例之高而驚訝時，竟發現其他類似的調查也呈現出相同的傾向。《現代日本人的意識結構》

一書中也指出，「日本是一流的國家」「素質出色」等日本的自信正在成長。

或許，野口悠紀雄在《打造世界史的商業模式》中的看法可以完全解釋這種現象。野口在說明八〇年代以前，以終身僱用制爲前提的社會結構之後，說了這麼一段話：

> 但是，九〇年代以後，終身僱用制在日本經濟長期衰退的過程中變質了，因爲企業已經無法終身僱用員工，非正職員工不斷增加。最近，非正職員工多達全體的四成，無法歸屬於企業的年輕人該往何處尋求依靠呢？答案恐怕是學校所教導的概念：「日本」。「國家會保護他們」這件事雖然只是幻想，但他們對國家的依賴卻越來越高。這是日本歷史上第一次人們對國家抱持著歸屬感，這種感覺和對外國人的強烈厭惡感有著密切的關連。

節約、網路社群媒體、日本

針對節約的年輕人，居酒屋也不斷祭出各種行銷策略，給學生特別的折扣，提供平價菜色。「Senbero 酒館」宣稱價格便宜，若是喝酒，很快就可以喝醉，Senbero 這個字指的是只花一千日圓，就可以喝個爛醉的居酒屋。

以社群網站導向的角度來說，所有零食的新聞稿都強調商品可以用來「曬ＩＧ」。餐廳也一樣，未來店家內都會以「可以拍照」爲前提來設計、裝潢。服飾店裡也有「試穿走秀」的服務，這是指透過試穿來和朋友同樂，或是把照片上傳ＩＧ。

如果商品可以在ＩＧ擴散，確實可以招攬客人，所以迪士尼樂園也跟著利用這個方法行銷。在迪士尼樂園玩角色扮演的熱潮（基本上是禁止的，只有萬聖節期間才被允許）也和網路社群媒體有關。

在年輕人眼中，廣告影片反映出的是不眞實的世界，汽車廣告中出現的幸福家庭完全沒有眞實感。也就是說，ＩＧ上看到的相片世界遠比廣告影片更有眞實感。

我不是很喜歡這種暴露自己生活來吸引網友「按讚」的方法。不過，未來爲了在社群媒展現完美形象所做的商品設計或行銷方式，應該會非常流行。

最後，愛國行銷在鄰國非常風行，但未必都是露骨主張右派的思想，把源於日本的東西當作文化來處理，也算是一種愛國行銷。比方說，在京都或鎌倉的寺廟或佛像巡禮，學習歷史。如果能從日本人的基因來尋找方向、開發商品，應該會非常有效。

似懂非懂

書籍著作若可以和音樂一樣，被引用就獲得相應的費用，田中康夫一定會變成大富翁。談論消費文化時，田中康夫在一橋大學念四年級時所寫的《水晶世代》（一九八〇）經常被引用，例如以下這個段落：

> 需要練習網球的日子，我一早就會穿著Magia或FILA的網球裝去學校。如果是平常的日子，我會看心情穿上Boathouse或Brooks Brothers的長袖棉衫，裙子則會配合上衣，套上在原宿BARCLAY買的裙子。
>
> 不過，穿起來最舒服的還是聖羅蘭或ALPHA CUBIC的服飾。不管穿幾次都不會膩，感覺經典又高雅，散發出無比的魅力。

就像這樣，主角自己的興趣連同許多專有名詞不斷被寫出來。最後，田中甚至寫出了這樣的文字：

我正要出門時，剛好有一對情侶和我擦身而過，走了進來。

那名女子的打扮眞是太經典了。迪奧的襯衫，配上前面有個大大品牌標誌的浪凡裙子和ungaro的帆布鞋。包包是范倫提諾的，天氣明明這麼悶熱，她卻特地圍著愛馬仕的大圍巾。

我認爲這篇文章非常重要。A和B被拿來對比，A的品味很好，B卻不是如此，讀者應該看得出來吧？要寫出這樣的文章，當然需要有非凡的品味。或許當時大部分讀者完全不懂A和B所代表的意思，他們只是感到驚訝。文字中存在著讓這部小說顯示權威的某種東西。

但我認爲這些未必是過去年輕人消費行爲的象徵。高中閱讀這本書時，我幾乎看不懂，只覺得一片混亂。上了大學之後，我試著問了身邊的大人，卻只得到一句「這樣的世界和我無關」。說到底這種內容只有部分都市人能理解，其他人都只在假裝內行。這些內容之所以造成轟動，是因爲小說的內容背離實際的狀況。

如果田中康夫在《水晶世代》中描寫的主角是現在的大學生，他要寫的應該是「Party People」。原田曜平在《Party People經濟》一書中，將扮演觸媒、創造流行，並向周圍發送訊息的人稱爲Party People。他們會在辦活動時出任召集人，擔任DJ或模特兒，而且成長於富裕家庭。換句話說，《水晶世代》中所描寫的年輕人並非一般人，他們是存在於各個世代中的一部分人而已。

有時他們會被說成是消費者的代表。但從好的一面來講，他們是走在前端的非主流人物。大部分的年輕人都過著樸實、心滿意足且腳踏實地的生活，他們在網路社群媒體上，希望別人為自己「按讚」的同時，不斷愛著日本。

二〇二六年的時代變化

- 新日本人世代步入三十歲

應該思考的事

- 針對越來越重視節約、網路社群媒體和日本意識的年輕人的訴求方式

這種東西會暢銷

- 價格合理的商品
- 放在網路社群媒體上，用來炫耀或向他人宣傳的商品

・以愛國心為出發點的商品

賺錢方式　也有想丟開智慧型手機的需求

現代年輕人的性格總是讓我感到非常驚訝，他們可以在網路社群媒體上，從容而驕傲的展現自己。我怎麼樣都無法把自己的照片放上去，如果沒有和名人合照之類的理由，實在會讓我非常猶豫。

我是從一九九七年開始使用網路的，根據我的觀察，大部分日本人對隱私的想法已經改變。

看了年輕人在社群網站上的發文，我發現大家都理所當然的不斷上傳自己的照片。萬聖節之所以會這麼轟動，背後或許隱藏著年輕人自覺做了搶眼的打扮，所以很自然的想讓人家看到的欲望。煙火大會的日式浴衣、成年禮的和服，以及萬聖節的裝扮應該都成了上傳的標準內容。而且，「那是和朋友一起舉辦的活動」這個因素也不容忽略。因爲ＩＧ已經成了現代化妝術，大家非常需要這種可以美化實際生活的工具。

此外，對年輕人來說，現代的出家就是丟開手機，所以享受這種出家生活空間的需求，肯定也會越來越高。

二〇二七年

日本富士搖滾音樂祭三十週年

回歸現場演奏這個原點，重視原始體驗的三十年

P	Politics 政治	音樂出版品營業額下降的同時，大眾也開始思考是否需要重新討論「著作物指定銷售價格制度」的適用性。
E	Economy 經濟	音樂出版品的營業額不斷下降，取而代之的是，演唱會相關營業額持續成長，甚至超過音樂出版品。
S	Society 社會	大眾喜歡以真實為賣點的現場音樂會。透過音樂，與在場的其他人直接連結。
T	Technology 技術	樂曲的推薦功能因AI而快速發展，人氣歌曲分析和作曲也融合了AI技術。

變化特徵

音樂可以撼動人心。觸動眾人心弦的人氣歌曲可以透過ＡＩ事前分析，或許也可以由ＡＩ作曲。

另一方面，在傳統音樂產業中，則是樂曲的免費化，然後透過現場演唱或商品販售來獲利的商業模式持續成長。在這種狀況下，最重要的一點是，現場演唱是非日常空間，也是現場的眞實活動。

富士搖滾音樂祭造成的衝擊

第一屆富士搖滾音樂祭於一九九七年舉行，我剛好那年進大學。朋友邀我一同前往，但我因事先有約而婉拒。後來聽說，富士搖滾音樂祭就在簡陋且十分寒冷的環境下舉行。事實上，當時九號颱風來襲，氣溫驟降，雨也下個不停，而且第二天的活動還取消了。

聽完音樂祭回來的朋友雖然嘴裡說著「糟糕透了」，卻隱藏不了心情上像參加了一場歷史性活動般激動。

富士搖滾音樂祭就是一個遊樂園。

……這是一個驚險萬分、必須冒生命危險，且讓沒去成的人感到極度後悔的遊樂園。所有客人都說「以為自己會死掉」，但站在某個角度來看，它又是一個最棒的遊樂園。正因為如此，對我們來說，可以從那裡活著回來，是一件極為平常且開心的活動。

（《Quick Japan影視情報特集VOL. 16》村田知樹的〈紀錄　從富士搖滾音樂祭生還〉）

實在太糟糕了，自己一直受到影響。之後，在超過一個月的時間裡，我瘋狂的到處跟人家說，「富士搖滾音樂祭實在是太糟糕了」，就算稿子寫完之後，我還是持續調查。……平常的話，只能用白癡來形容，沒錯，太厲害了，眞的是太厲害了。最貼切的說法是「世界最厲害的搖滾音樂祭」，整個活動都陷入瘋狂。

（《圍欄中的舞蹈》）

我想，這應該是最能眞實描述當時感受的評論。最近大家終於發現，這是只有在現場演唱會上的原始體驗才會產生的衝動，這樣說應該不會太誇張吧。他們說這是人們想感受到現場與眞實的三十年，若從二〇二七年回顧，富士搖滾音樂祭第一屆的慘劇其實非常具有象徵意義。

渴望原始體驗是演唱會盛行的原因

以前，大家都說演唱會賺不了錢，賺錢要靠賣CD，演唱會只是服務歌迷，而且，大家是爲了賣CD才舉辦演唱會的。但現在則是完全相反，因爲音樂本身賺不了錢，最好是當作宣傳免費贈送，然後再靠演唱會來賺錢。

剛剛我提到了一九九七年的富士搖滾音樂祭，參考一五〇頁的資料，觀察當年的音樂出版品產量後，可以知道當時產量正值頂峰。以金額來說，一九九八年是巔峰，九〇年代後半是全盛時期的頂點。

一直到一九九〇年代後半，可說是所謂的唱片公司時代。艾迴唱片打破業界慣例，讓索尼公司解除與小室哲哉的專屬合約後，從一九九〇年代前半開始，小室哲哉量產了好幾張熱銷唱片。他打造出一九九三年出道的日本樂團TRF，濱崎步則是在一九九八年步入樂壇。

比較一五一頁的圖可以發現，演唱會的人數和營業額則與音樂出版品產生強烈對比。人

音樂出版品的銷售數量

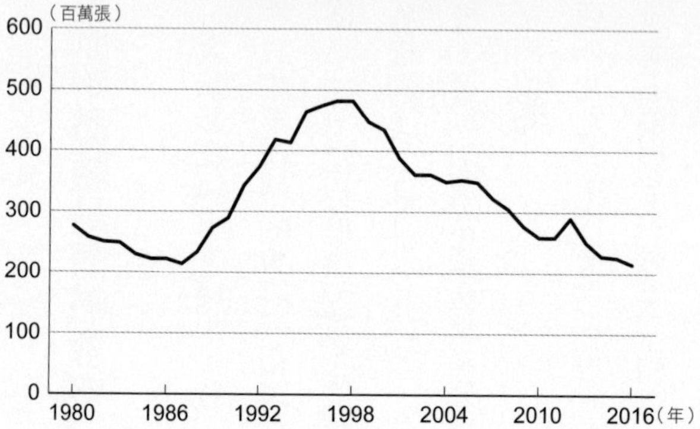

音樂出版品的營業額

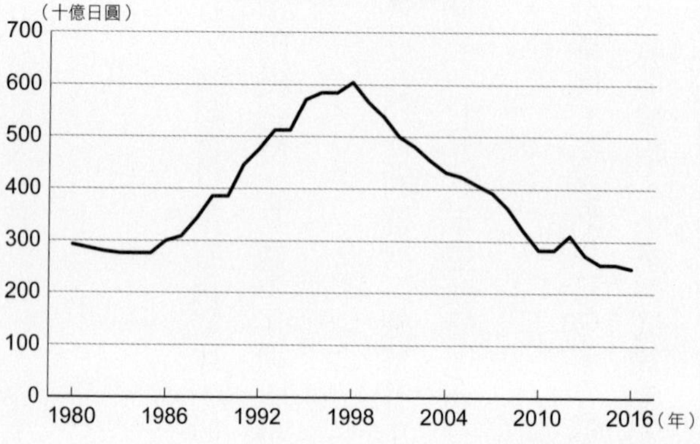

資料提供：日本唱片協會

演唱會參加人數與營業額

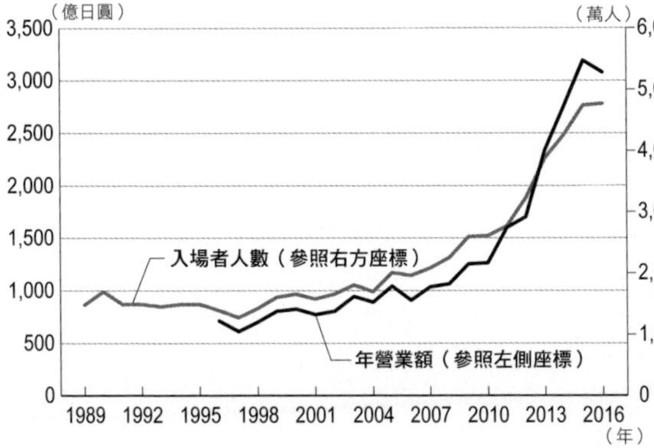

資料來源：演唱會主辦者協會

們花在音樂出版品的金額減少了，但相反的參加演唱會的人數和營業額卻不斷增加。演唱會參加人數與營業額，雖然在一九九七年左右舉行第一屆富士搖滾音樂祭時來到谷底，但之後便持續成長。樂曲本身非常容易複製，當然取締違法盜版非常重要，但是創作者更傾向透過開放樂曲的著作權，來販賣現場演唱會上的體驗。

有趣的是，現在音樂內容的營業額約二四五〇億日圓，而演唱會參加人數所帶來的營業額逆轉爲三一〇〇億日圓，這種狀況從二〇一四年開始，預估未來還會持續。

爲了不讓屬於文化產業的音樂ＣＤ價格下跌，目前公平交易委員會已經針對音樂ＣＤ等出版品，通過了著作物的指定價格銷售制度（針對書、雜誌、報紙、音樂軟體，全國都採統一定價銷售）。現在雖然在著作物

卡拉OK營業額變化

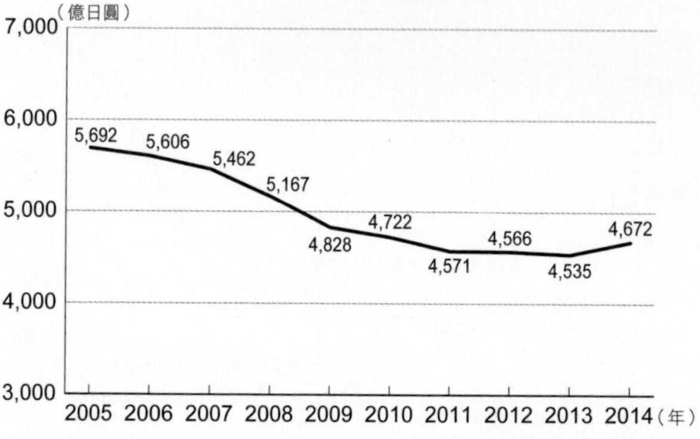

資料來源：數位內容白皮書

指定販售價格的制度下進行販售，但是否需要重新檢討，還是很值得觀察。

卡拉OK的情況又是如何呢？這裡不再是大叔聚在一起唱歌的地方，也不再被用來接待客人。不過，此時以年輕人追求眞實交流這一點來說，卡拉OK是符合需求的。或許也因爲這個原因，卡拉OK現在維持平盤，還在繼續奮鬥。

一五三頁的圖表呈現出網路串流平台的營業額也正在不斷成長。音樂之所以適合傳輸，是因爲檔案很小。隨著通訊技術的提升，人們可以輕鬆的從網路下載文字資料或樂曲。這是一個開始，接下來電影等影片內容也已經開始串流。讓蘋果公司復活的iPod便與這件事有關。

但我認爲從網路上購買音樂並不能取代音樂出版品。現在商業模式已經轉換成以便宜、固定的價格提

網路串流平台營業額

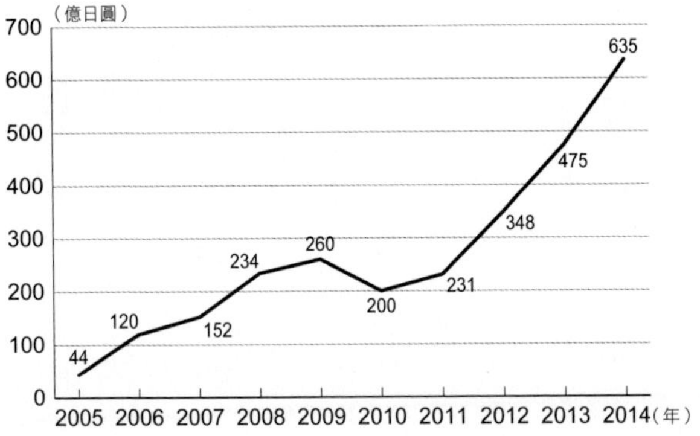

資料來源：數位內容白皮書

供音樂（如Spotify或Amazon Music等），並透過未來與消費者的交流來提高營業額，而演唱會便是此種交流模式的代表之一。除了門票收入，還包括餐點與商品的銷售。

誠如大家所知，Apple Music是可以透過iPhone等載具下載樂曲，或提供線上串流的服務。我每天都會各聽一張新發行和一張讓人懷念的專輯。很意外的，除了流行歌曲，業者還提供各種不同的樂曲。選擇音樂、自由播放本身已經成了基礎服務。

演唱會的優勢

不像媒體會不斷剝奪我們日常生活的時間，演唱會的優勢就是把所有人集中在與外界完全隔絕的空間裡，因爲演唱會並非一般日常活動。

與各種媒體接觸的時間

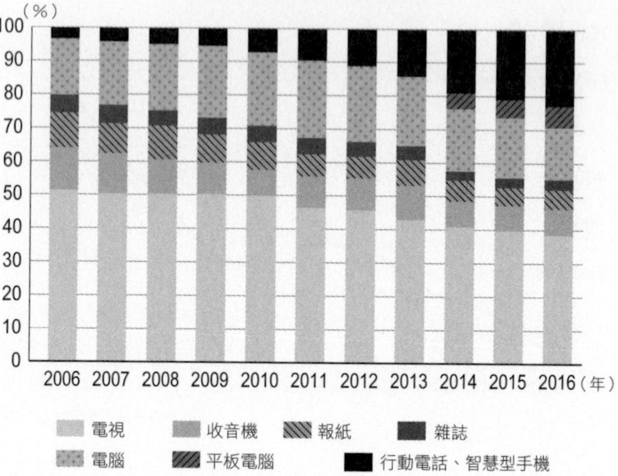

資料來源：2016年影片串流事業調查報告書

我們知道在短短十年內，人們接觸電視、報紙等主要媒體的時間減少了，使用行動電話或智慧型手機的時間增加了。相對於此，演唱會則是直接奪走使用者的時間。換句話說，看電視時，電視要持續和其他媒體爭奪使用者的時間，但基本上，演唱會則可掌控人們的活動空間和時間。當然，聽衆可能會在演唱會的休息時間看智慧型手機，但應該不會打開報紙。

未來，影片串流服務將會蓬勃發展。在這個過程中，如何占用消費者的時間，並且不讓他們分散注意力變得非常重要。而音樂產業肯定也會像演唱會或活動一樣，致力讓人們置身於異次元空間。

免費音樂戰略

我因爲音樂免費或固定金額收聽制，增加了音樂上的支出。我再次聽到高中時熱愛的殘酷眞相樂團舊專輯時，實在太過懷念，而買了解說的雜誌書；聽了SikTh的歌曲之後，我去了他們的復出演唱會；試聽了幽冥大帝樂團的專輯之後，我去了日本金屬音樂祭，而且還買了T恤；下載了MEGADETH的新曲後，我去了東京台場看他們的表演，發現參加者滿滿都是下班回家途中的商務人士。另一方面，我偶然透過Apple Music聽到Giovanni Allevi的樂曲，非常感動，所以購買他們的ＣＤ送給朋友。或許與其讓人掏錢購買二、三千日圓的ＣＤ，還不如ＣＤ的延伸商品（演唱會或相關商品）更好，特別是消費者的年齡層越高就越有效。

像這樣樂曲免費，或不利用樂曲賺錢，而把樂曲當成吸引消費者購買相關商品的策略，稱爲免費戰略。換句話說，就是先以免費吸引多數人，在核心客層展開高利潤的交易方法。

音樂界會呈現出內容產業的趨勢。過去我曾碰過這麼一個例子，我去上廣播節目時，看到某位藝人在上一個節目中表演。當時我問了工作人員：「這個層級的藝人，演出費應該很高吧？」結果他們說：「那是免費的。」他們告訴一臉驚訝的我：「因爲這樣可以宣傳啊！

這是慣例。」

過去藝人上電視媒體是免費的，上節目是爲了靠販售樂曲來賺錢。但現在的模式可說是直接放棄販售樂曲，靠演唱會來賺錢。

串流音樂

一如宗教透過歌曲來加深信徒的歸屬感，有些東西非得透過音樂才能訴求。就像偶像歌手可以靠歌曲吸引歌迷，人類會因爲歌曲而感到心動。

舉個例子，我們在街上會因爲聽到音樂而感到激動，進而喜歡上那首歌曲。這時可以選定樂曲，不斷重複這種激動的應用程式就非常重要。我的智慧型手機裡也有這種應用程式，但精確度還不算很高。若應用程式能分析旋律、提供曲名，應該可以對那些樂曲未來的營業額有所貢獻。

但是，每個人會產生共鳴的歌曲都不一樣，這正是音樂有趣的地方。

很久以前我還是高中生時，住在佐賀縣，那時我非常愛聽硬蕊、噪音搖滾和輾核的音樂，但當時並沒有店家在販售。於是，我從佐賀車站搭特急電車到博多，換搭地鐵，再前往天神店的分界線唱片行，光是單程就花了兩小時。好不容易才找到了Hanatarash（於日本大阪組成的噪音龐克樂團）傳說中的演唱會影片、MASONNA（日本音樂家，主攻搖滾、電子音樂等）和The GerogerIGegege（山之内純太郎的一人樂團，創作内容以噪音搖滾為主）的唱片，這樣的經驗現在看來不過是中年大叔的當年勇。

現在，如果想看這些影片，只要在YouTube上搜尋就可以了，透過亞馬遜也可以買到二手唱片。雖然我很想訴說上述兩小時車程的價值，但像現在這樣，可以馬上拿到這些音樂產品也沒有什麼缺點。現在新世代藝人也登場了，他們透過網路，積極吸收可以無限流傳到全世界的音樂，並打造出全新的音樂，這應該才是眞正的超越國境。

只要我們能夠把大量音樂資料放入數位裝置，便可分析出樂曲的銷售傾向。

在《那種數學可以決定戰略》（その数学が戦略を決める）一書中，提及可分辨好葡萄酒的方程式，讓衆人受到很大的衝擊。書上說，只要輸入降雨量、平均氣溫等資料，就可以預測葡萄酒的價格。此外，在各種不同領域，也都紛紛運用大數據的機器學習，來分析商品的銷售趨勢。

但是關於音樂，雖然有各種不同的研究，卻難以在事前分析銷售趨勢。的確，有些研究會分析新創作者的樂曲，預測是否會熱賣。但是如果所謂的音樂是，將過去不曾聽過的音樂類型提供給大衆，爲他們的心靈帶來震撼的話，那麼蒐集過去資料的大數據，應該很難歸納出新的趨勢。

如何才能克服這個困難呢？從行銷的觀點來看非常有趣。而且，不只是運用AI來預測暢銷歌曲，大家也持續利用AI嘗試作曲，說不定最後出現的最大公約數是很無聊的音樂。這或許反而可以證明人類創造出來的音樂之奧妙。

二〇二七年的時代變化

- 將人們放在異次元空間的商業行為持續成長
- 去演唱會浸淫體驗的參加人數不斷增多
- 運用AI技術來作曲與分析暢銷樂曲

必須思考的事

- 強調現場與真實的商業活動

這種東西會暢銷

・從徹底的免費戰略衍生出的延伸商品

・呈現出非日常體驗的活動

賺錢方式

音樂推薦這門生意的可能性

我在美國旅行，看到在超級市場等量販店內，廉價拍賣CD的情景，感到非常驚訝。因為美國沒有指定價格銷售制度，架上女神卡卡和泰勒絲等人氣歌手的專輯價格非常便宜。在美國，只有暢銷作品會普及。

日本有《禁止壟斷法》，當然不允許價格剛性（被壟斷地位的大公司操縱，因此價格確定後就不易變動），但是一如前述，因為音樂是文化產業，所以不在規定範圍內。正確來說應該是「限時指定價格販售」，也就是說，必須上市一段時間後才能降價販售。此外，比方說，二〇一七年共計有兩萬兩千八百四十五張CD上市，其中一千九百五十八張就屬於非限定價格CD。但是，反過來說，絕大部分的CD都是依照指定價格來販售。關於限時定價，只要設定了販售期間，零售店就不會降低價格來販售新作品，所以可以維持音樂作品的多樣性。

不過，以整體趨勢來說，我們應該會逐漸能免費消費音樂。到那個時候，如果我們聽的就只有區區幾位創作者，那就太讓人傷感了，因爲音樂明明象徵著多樣性。已故的音樂製作人佐久間正英便曾提出以下卓見：「以文化的角度來說，跟一位藝人賣一百萬張唱片相比，還不如一百位藝人每人賣一萬張唱片。」

因此，我們需要可以讓現在的推薦功能更加進步的策展（curation，將大數據的內容過濾、挑選後，提出觀察、理解角度，重新整理、排序內容，讓使用者更易進入情境）功能。現在網路會根據篩選類似藝人或下載紀錄來推薦，這完全不用感到驚訝。音樂串流服務必須根據用戶的狀況來提供詳細的歌曲建議。而且，不是建議音樂類型或藝人，而是要分析用戶喜歡的和弦、歌詞或主唱的聲音，再推薦樂曲。

其次，這首音樂曲對藝人來說有什麼樣的歷史性意義？或者，和其他樂曲在音色上的差異和樂曲最原始的靈感是什麼？這些如果不和傳統音樂雜誌內的資訊加以對照，也變得沒有趣味。反過來說，透過資訊的重組，消費者「想現場看到」的新藝人一定會增加。

現在，藝人已經從ＣＤ販售的乘法模式，變爲演場會的加法模式。不過，他們也必須摸索其他乘法模式，不只販售商品，也包括音樂以外的服務。藝人必須更努力的展現創意。

二〇二八年

全球人口突破八十億

水成為新的資源，也變成一門生意

P	Politics 政治	國家關注的焦點從提供糧食，轉移到提供飲水給國民。
E	Economy 經濟	全球與水有關的商業活動蓬勃興盛。
S	Society 社會	在人口突破八十億的同時，水資源也變得更加珍貴。
T	Technology 技術	精製水機器的小型化。

變化特徵

即使以最低預估値來說，到了二〇二八年，全球人口還是會突破八十億。那時會造成嚴重問題的不再是糧食，而是水。即使現在大部分的全球人口也並非都能取得安全用水。

精製、過濾水的技術、防漏水或節水商品等，都可以從商業的角度出發，思考各式各樣的發展。

水這個投資標的

電影《大賣空》描述了一群男子預測即將發生次級房貸風暴之後，如何透過賣空致富。

次級房貸風暴發生之前，美國的住宅市場相當活絡。即使年收入很低，也可以輕鬆申請房屋貸款，並在住宅價格上漲之後，把房子賣掉獲取利潤。金融業者透過將風險債權組合成新的金融商品，藉以迴避風險（或以爲已經迴避），次級房貸危機因此惡化。

電影中的主角注意到很多房屋貸款變成呆帳，連街上的脫衣舞孃都擁有五棟房子的異常現象，所以鉅額的賣空，進而大獲全勝。

電影主角麥可·貝瑞一邊聽著重金屬和硬搖滾，一邊關在房間裡不斷投資的姿態，讓人印象相當深刻。他不喜歡和人接觸，習慣以自己蒐集到的資訊、而非透過一般流通在外的資訊來解讀市場，尋找怪異之處。

在電影尾聲，最讓人驚訝的是他的下一個投資對象。電影中，主角們身後的字幕寫著，鬼才麥可將以「水」作爲投資標的。

這裡所說的水，就是——我們知道的水。

近三百年人口顯著增加

我多次提到日本人口逐漸減少。根據預測，從二〇二五年開始，東京人口也會遞減。以全球來說，人口在二〇一一年十月突破七十億，預測最晚在二〇二八年，人口將會突破八十億。當然，假設或許會有些許出入，我們也不知道未來會發生什麼事。

說到人口直線上升，以地球的歷史來看，這樣的快速增加是最近才發生的事。智人（homo sapiens）的歷史從二十萬年前開始，而人口快速增加是最近三百年才發生的事，但這三百年的人口成長相當顯著，英國經濟學家馬爾薩斯曾在著名的《人口論》中提到，人口成長的速度比糧食的增加來得快，所以應該控制人口的數量。

日本未來人口數預估

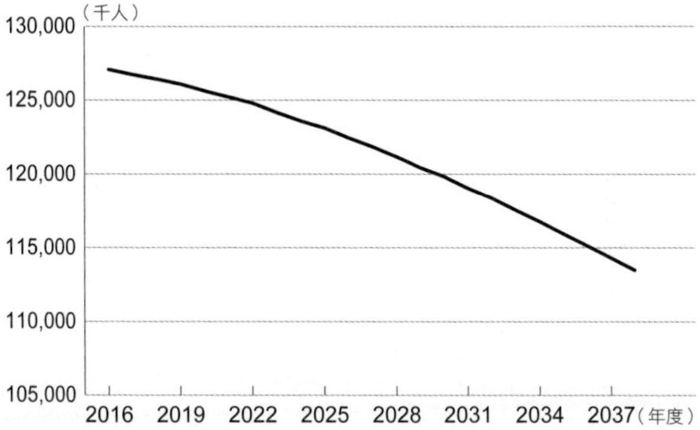

資料來源：國立社會保障／人口問題研究所

雖然要預測數百年後很困難，不過二一〇〇年全球人口應該會達至一百億，而且在那之後成長的速度會減緩，數量將維持不變。

換句話說，現在人口正快速增加，但目前狀況比較罕見，若撇開這個例外不說，現在的出生率十分安定，沒有變化。一如前述，非洲人口應該會增加，歐洲、日本和中國等國家則會受到負面影響。但是，從長遠的歷史來看，「先進」國家一如字面上的意義，只是走在其他國家之前。

仔細一想，如果日本的人口只剩一半，亦即六千萬人，企業的客戶數目也會變成一半，這麼一來企業就無法繼續經營下去。但是，人口不到六千萬的小國到處都有，如果商店或員工數量也變成一半的話，那就可以存活。所以，也有人認爲「人口減少並不是一件壞事」。極端一點來說，人口只有

世界人口的變化與預估

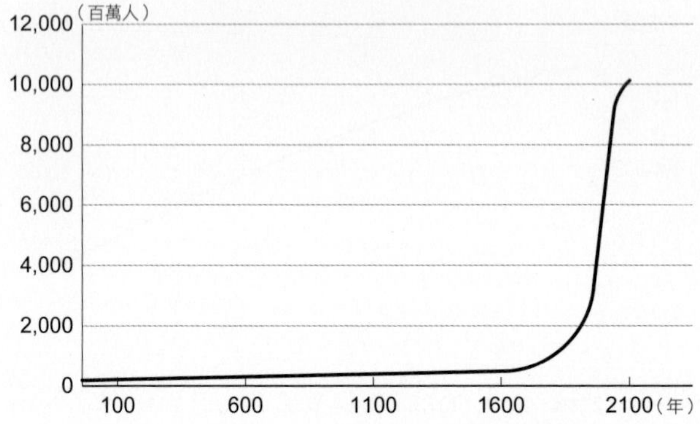

資料來源：日本的人口變化趨勢及未來的社會

六十萬人的盧森堡，勞動生產力是全球第一。

但問題是，隨著人口減少一半，會造成商店縮小、倒閉、裁員等許多痛苦。在這個過程中，國家人口減少，其中無法獲得財富的人，必然會控訴財富不均。相反的，人口急遽增加的國家無暇處理二氧化碳排放等問題，無論如何就是要試著擴大經濟發展。

我在後面的章節也會提到，在這些糾葛中，存在許多問題，像是如何讓八十億人吃飽的糧食問題、高齡化問題，以及非洲和中國人口增減等。而隨著人口的增加，近年，還有比糧食問題更受到矚目的水資源問題。糧食危機或許可以藉由提高生產力勉強克服，但水的問題會非常嚴重。在此，我想討論隨著世界人口增加，可能造成的水問題。

日本人沒有注意到的水資源

二〇〇八年的電影《〇〇七量子危機》中，詹姆士．龐德對決的組織就是利用掌控水，而非原油來控制世界。然而，日本人對於水會成爲珍貴資源這件事並沒有深刻的感受。這是因爲日本擁有豐富的水資源，難以感受到水資源相關商業的興盛。對擁有大量安全用水的我們而言，並不需要再次認識水資源的珍貴。

然而現在，全球有八億四千四百萬人無法獲得安全用水，還有二十三億人無法使用下水道設備。每一天在世界各地，女性或女童需要花兩億六千六百個小時來搬運用水。

每九十秒就有一個小孩因水源污染而死亡，不只造成死亡，因健康受損也導致了高達兩千六百億美元的經濟損失。而且，如果可以有效活用取得用水的時間，對教育層面或提升生產力都能有所助益。

地球上有九七％的水鹽分濃度太高，二％位於極地。全世界的農村都無法取得用水，該怎麼做才能讓他們獲得安全的用水呢？

一個顯而易見的方法是，花錢打造可以生產安全用水的工廠。三菱商事便在中東的卡達導入了淡化海水的大型設備，展開可以同時生產電力與水的工廠事業。

除此之外，用水相關計畫中也包含了全球募款方案。被星巴克咖啡併購的道德水（Ethos Water），就是看到因水源不足而陷入貧困的國家，才成立的瓶裝水公司。如果在星巴克店內購買該公司的瓶裝水，等同於爲提供安全用水進行捐獻。

除了大型工廠外，有簡單的精製水源（以蒸餾、過濾或離子交換等方法處理後的水）裝置嗎？關於這一點，Slingshot這家公司提供了公開影片，有助於快速理解。這種機器像洗衣機，可以製造飲用水。

除此之外，LIFESAVER淨水器可以把泥水變成飲用水，在亞馬遜網站上買得到。在無法購買前述Slingshot商品的地方，這種淨水器應該會很受歡迎。

必須留意供應鏈用水量的年代

我希望大家可以注意水產業，是因爲其中並非只有製造水而已，還包含其他商機。

企業發展的過程中，未來該如何控制有限水資源的使用量，已經開始受到重視，而且應該不只關心在本國製造過程中的用水量。因爲就算在本國工廠減少用水，但如果交易對象在國外用水量很大，也是徒然。

特別是在缺乏水資源的國家，如果大量用水，勢必會對其他層面造成影響。或許大家會認爲，若生產過程沒有大幅轉變，不管跟哪一個交易對象採購都一樣。但是，就算交易對象使用相同份量的水，比起向缺乏水資源的國家採購，跟擁有豐富水資源的國家採購還是比較好。只要在更換採購地點的同時，也努力節約用水就可以。若能積極節約供應鏈用水，還可以提升企業形象。

幾年前，我曾經看過這份有趣的報告〈水資源缺乏：潛藏在日本企業供應鏈的危機〉，針對日經平均指數（Nikkei 225）中上市公司的用水量進行調查。特別的是，不只自家公司的用水量，甚至連交易對象的用水量也一同估算。

根據那份報告，日經平均指數上市公司的用水量爲一百九十億立方公尺，交易對象爲六百億立方公尺。換句話說，用水量中有七六%是交易對象用的。因此，如果只是管理自家公司，幾乎沒有效果，未來也必須針對交易對象進行節約用水教育。

特別是工業產品，因爲交易對象的使用量占了九成，若不減少使用量，就無法節約用水。

再舉一個例子，可口可樂公司積極進軍新興國家。他們的用水政策非常敏銳，很快就跟非政府組織合作，致力減少整體供應鏈的用水量。雀巢和百事可樂等相關飲料公司也採取相同政策。

日本公司也一樣，索尼和主要交易對象共同以節約用水為目標，必要時會針對節約用水進行支援（《日經新聞朝刊》二〇一六年一月十三日）。透過推行利用排水和雨水，自家工廠的使用量甚至達到減少六成的實績。

飲料公司麒麟為了讓生產茶葉的貿易對象取得水質管理認證資格，積極推行適當的用水政策。橫濱橡膠也指導海外交易對象施行節約用水，並根據調查結果來選擇交易對象。

日本向來強調節約用水，漏水率非常低。即使和已開發國家相比，表現頂尖的東京漏水率也只有三・一％。日本的稅金徵收率高達九九・九％，可以支撐國內的產業和生活。這種技術應該可以出口到國外，日本是有餘裕針對世界貢獻一臂之力的。

惡質商人看上的水資源

《將地球當作「商品」的人》（地球を「売り物」にする人たち）一書的內容，雖然帶了點陰謀論的味道，但同時也介紹了將地球暖化運用在商業中的趨勢，非常有趣。利用地球暖化來融解冰塊，對看上隱藏在冰塊下原油主控權的人來說，是個很好的機會。此外，不僅保險公司看到其中的商機，製雪機公司在獲得龐大利潤的同時，也擴張了販售據點。

此書中有許多篇幅描述了水產業的實際狀態。非專家的我無法斷言二氧化碳的排出與地球暖化有多大關連。不過，氣溫和水溫的上升，肯定會增加海水的蒸發量。氣溫上升後，因濕氣過度凝結，會提高水的需求量。

「對於投資相關氣候變遷的投資者而言，水是一個很明確的投資對象。我們眼睛看不到二氧化碳排放，氣溫只是一個抽象概念。但是，冰塊融解，蓄水池變空、海浪湧來、豪雨如注等則是具體且可清楚看見的」（同書一五七頁）。此外，全世界人口持續增加的情況下，水的供給變少，也會造成供需失衡。往後四十年，全球五〇％的人口都會面臨水資源問題。諷刺的是，這也是一個「商機」。

「以全球的水消耗量來說，每個人每天約爲五十到一百公升。若考慮到水資源不足的人口，還必須將這個數字乘以二十五億倍！我們就是需要這麼多的水。若要詢問潛在市場何在，這就是潛在市場」（同書一一九頁）。上述評論讓人印象非常深刻，難怪身爲避險基金管理者的麥可要將焦點放在水資源上了。

二〇二八年的時代變化

・隨著世界人口即將成長到八十億，水也被視為珍貴的資源，更加備受注目。

必須思考的事

- 水資源相關事業的拓展
- 整體供應鏈的節約用水

這種東西會暢銷

- 精製水相關商品
- 節約用水的生意
- 預防漏水的生意

賺錢方式

日本的自來水管技術

有人曾說「日本人老是覺得水和安全是免費的」。但意外的是，日本人在用水上非常謹慎。和漏電一樣，不管在哪裡都有漏水問題。不論是配管過程，還是大樓的供水管，到處都在漏水。

日本目前正計畫以智慧電網來解決漏電問題。所謂「智慧電網」指的是，以電腦控管輸電網，找尋漏電之處。同樣的，他們也計畫在所有地方都裝上線路，藉以監測用水量。

但事實上，最迫切需要的是不會漏水的基礎建設和維修等管理系統。以日本來說，基礎建設做得非常穩固，可以將這種有效利用有限資源的技術出口到國外，東京都自來水局便已經將打造自來水管的方法傳授給緬甸。

惡質商人或許會趁著地球暖化拓展商業規模。然而，在因水資源減少而痛苦的世界，日本或許還有很多發展機會。

二〇二九年

中國的人口數量達到巔峰

中國變成老人國，人口成長已然到達極限

P	Politics 政治	中共政府為維持政權的正統性，不斷追求經濟成長，但此時逐漸出現弊端。
E	Economy 經濟	經濟成長速度降低（「新常態」），開始處理基礎建設和設備投資等經濟泡沫造成的問題。
S	Society 社會	人口數量達到巔峰。同時也顯現出一胎化政策的負面影響，未婚男性多達三千萬人。
T	Technology 技術	日本的照護與少子高齡化商品和服務都比中國進步，有機會出口到中國。

變化特徵

由中國政府打造的經濟活動，像是基礎建設投資和材料生產，已呈現停滯。過往以經濟成長爲前提來管理，此時正面臨轉捩點，也出現了一胎化政策的影響。人口開始減少，無法結婚的成人也不斷增加。

中國逐漸變成一個老人國家。二〇二九年的日本已經先一步成爲老人國家，必定能找出一些商業機會。

中國的結構性極限

在二〇一六年的世界經濟論壇上，知名投資家索羅斯曾說：「中國恐怕難逃硬著陸。」他宣稱要放棄中國，賣掉手上的人民幣。我則認爲中國的巔峰大概在二〇二九年，那一年中國人口也會到達頂峰，在那之後，中國將步向空前的巨大老人國。

一九五六年，日本的《經濟白皮書》提到，「現在已經不是〔二次大戰結束後〕了」。也就是說，仰賴戰後復原需求的時代已經結束。習近平政權於二〇一三年揭開序幕，將中國經濟命名爲「新常態」，他告訴國民，過去的高度成長已經結束，未來將步入新的階段，換

各國GDP的變化（以美元為單位）

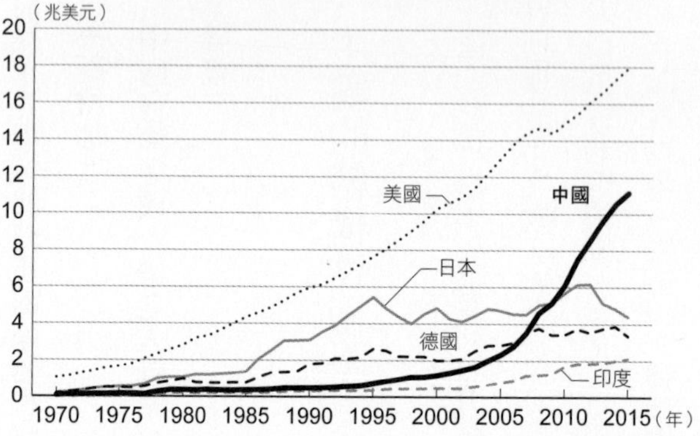

資料提供：聯合國

句話說，經濟成長的減緩也是常態之一。

事實上，這件事早有前兆。

有趣的是，中國本身的經濟成長帶有輕微的自虐性。國際貨幣基金組織（IMF）曾經提到，中國超越美國、美國時代已經結束。但中國媒體卻加以反駁，認爲還不到那個時候。這其實是因爲中國媒體揣測政府當局的想法而採取的做法，眞的非常有趣（詳細原委請參見《中國：潰而不衰》）。

許多評論者都指出中國經濟的實際狀況。

很多人都對中國的GDP抱持疑問。查詢過日本GDP的人就知道，中國並沒有提出精確的數字，而且，之前提出的速報也被大幅修正。中國明明是一個巨大的國家，竟然在幾個禮拜內就把GDP算了出來。

不管是哪一個國家，都無法隱藏進口和出口的交易對象。二〇一五年中國的進口呈現大幅衰退（▲十三・二%），即便如此，卻還是寫下了七%的經濟成長率。就我的直覺來說，這些數字相互矛盾且缺乏統整性。

問題① 官方創造的需求已經結束

我認爲中國現在面臨兩個問題：官方創造出的需求已經停滯，以及一胎化政策留下的禍根。

二〇〇八年的雷曼風暴導致需求大量減少。中國政府爲了創造內需，毅然決定進行四兆人民幣的公共投資，雖然許多公共基礎建設因此完成，卻也出現了原本就沒有需要的浪費投資，吹起了原物料泡沫。再加上，這時也出現了道德風險，以及早該將事業了結的「殭屍企業」。

即使ＧＤＰ很高，中國的各種指標還是有點勉強。過去大家都說「鋼鐵爲建國之本」，就讓我們來看看粗鋼的產量。

一七八頁表中顯示的粗鋼產量成長可說是表現異常。在供給過剩的狀況下，鋼材市場低迷，中國各鋼鐵廠的獲利能力降低，縱使靠著四兆人民幣的投資勉強可以維持，但還是有極

中國粗鋼產量變化圖

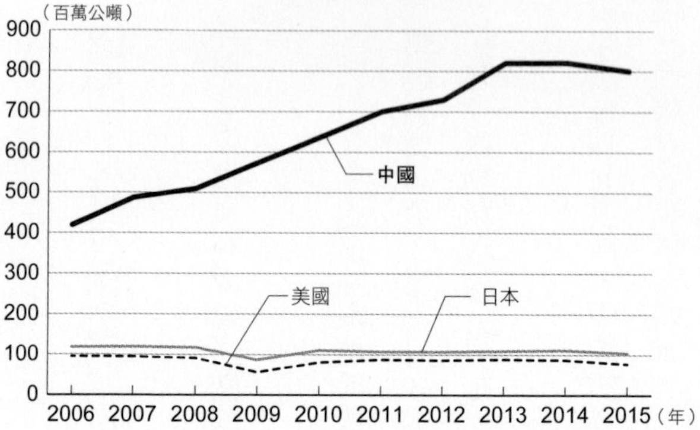

資料來源：World Steel Association《Steel Statistical Yearbook 2016》

限。汽車雖然仍有成長，但人口的增加是有限的，而且基礎建設的成長幅度也沒有這麼大。

當鋼材價格出現反彈，或有建材需求時，感覺還可以維持下去。但這可能是基於共產黨政府的強烈主張，所以才走向關廠等緩慢縮減一途。

不過，現在中國的地方都市中，九成都有全新的市區營造計畫。中國的空屋率不斷升高，出現了像鬼城一樣的鬼大樓。《橘玲的中國私論》（橘玲の中国私論）一書中，透過照片生動描述了作者所見識到空屋林立的景象。堪稱「鬼城」的場景多不勝數，比方說，內蒙自治區鄂爾多斯市已進行計畫開發的地區，原本預估會有一百萬人居住，但實際上只住了八萬人。

這些基礎建設投資不是凱因斯型的成功例子，卻成了包袱沉重的失敗案例。在中國，到處都有施工到一半的多餘設備或基礎建設。

問題② 一胎化政策的陷阱

中國的退休年齡為五十五歲，根據估計二〇一八年中國會開始出現退休潮。從那時到本篇所預測的二〇二九年，中國人口數將達巔峰，來到十四億四一〇〇萬人。當然，時間或許有些出入，但在巔峰之後，這個持續進行一胎化政策的大國人口確實將會不斷減少。一胎化政策從一九七九年開始實施，一直持續到二〇一五年。現在中國的中位數年齡是三十七歲，到二〇二九年將變成四十三歲。這個亞洲巨人也躲不過緩慢的老人化。

中國的家庭結構被稱為四二一型。亦即夫妻雙方的雙親共計四人、夫婦兩人、孩子一人。這個組成結構會對中國的將來造成陰影，嚴重程度更甚日本，未來勢必出現嚴重的高齡化和照護問題。

此外，另外還有一點值得注意的是，中國的出生性別比例。數值越大，表示男孩子越多。因為一胎化政策，在中國大家都希望生男孩子，也造成殺害女嬰等現象。

中國人口數預測

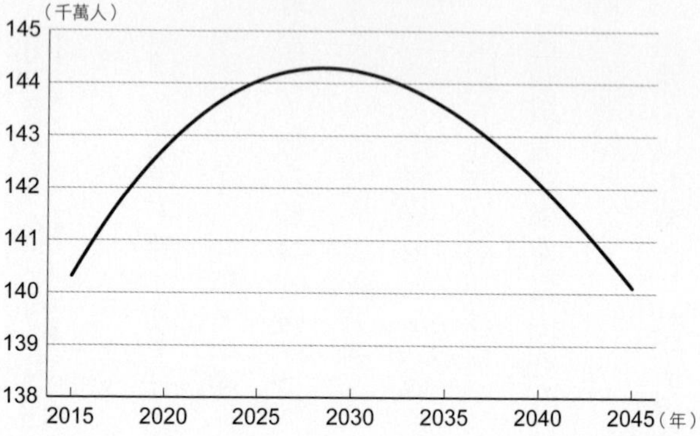

資料來源：聯合國

- 中國：1．16
- 亞塞拜然：1．14
- 亞美尼亞：1．13
- 越南：1．11
- 印度：1．11
- （日本）：1．06

山田泰司撰寫的《三億貧窮中國民工的藍調》（三億人の中国農民工食いつめものブルース）一書，詳細描述了一胎化政策諸多不合理的現象。

一胎化政策下的孩子都陸續到了適婚年齡，但是無法結婚的男性人口卻高達三千萬人。這問題和日本的晚婚化或非婚化不同，日本的問題是大家不結婚，但中國的問題是，即使男女都希望結婚，但男性卻未必結得了婚。我工作時認識的緬甸男性說「緬甸女性都到中國去結婚了」。就像過去菲律賓女性嫁到日本農村一樣。「不然，就只能從非洲把女性帶到中國了。」我的緬甸友人這麼說。

一胎化政策會造成社會異常。中國經常發生誘拐男童的綁架案。以前，我曾經在電視上看到被綁架男童的父親，透過網路鍥而不捨尋找兒子的紀錄片。被綁架的男童是在農家只有生女兒時，被抓去當作人手的。

二〇一五年一胎化政策結束後，這個傾向可望逐漸消失，但這個政策已經對社會造成巨大的負面影響。

中國再度陷入危機

過去，中國的執政者藉著提供人民足夠的糧食，勉強保有政權的正統性。

毛澤東將蔣介石趕到臺灣，一九四九年建立了中華人民共和國，韓戰之後又和美國對立。毛澤東透過武裝革命將財產私有化轉爲公有化，破壞階級制度，由無產階級專政，並進一步打造出只有共產黨政權擁有資產的體制。

從一九五八年開始，知名的大躍進政策讓農民轉而從事鋼鐵生產，導致糧食不足，有三千萬人因此餓死。無法讓人民吃飽的毛澤東辭掉國家主席，繼任的鄧小平等人改變方向，開始重視農業。在推行經濟政策的同時，也讓共產黨高層眞正掌管企業。

從一九八〇年代開始，中國實施市場經濟，馬克思的《共產黨宣言》所預估的從資本主義、社會主義，進而到共產主義的發展完全被忽略，產生了共產主義和資本主義和平共存且關係甜蜜的奇妙制度。

在享受經濟成長帶來的好處時，物價的急速上漲也讓人民感到不滿。

一九八八年，基礎建設率超過二〇％，讓許多人陷入窮困，引發了一九八九年的天安門事件，學生強烈表達對政權的不滿。蘇聯總書記戈巴契夫當時的訪華只是偶然，但也因爲這個偶然，原本以戈巴契夫爲目標的各國媒體，才有機會將天安門事件傳達到世界各地。

天安門事件對人民的打壓讓國際社會留下深刻印象，之後，七大工業國組織（G7）決定對中國進行制裁。

若中國想成功進入國際社會，必須讓貿易活動變得更加活絡。然而，因爲國營企業的效率低落，完全無法創造利潤，所以一九九七年，中國政府決定採行企業私有化政策，將部分股票賣給外資，並將部分國營企業賣給民間公司，重新調整國內產業結構。經過這些改革，中國終於在二〇〇一年加入世界貿易組織（WTO）。

在這個過程中我們也可以感受到，中國爲了讓人民相信共產黨政府的正統性，必須努力呈現經濟建設成果的辛苦一面。

中國面臨的問題

然而，中國現在依然被重重問題所糾纏。

企業改革的過程中，許多共產黨員透過繼承國營企業當上資本家。這就是理應被《共產黨宣言》思想洗腦黨員的最後結局。二、三十年前還是無產階級的他們成爲富裕階層，而且即使身爲社會主義國家，還是出現了極大的貧富差距。

一般來說，大家都認爲中國「不再是貧窮的農業國家」。中國GDP高居世界第二位，爆買旅行團湧入日本，還靠著數位化機器稱霸全球。八〇年代，深圳等沿海地區形成經濟特區，現在深圳已經成爲無人機等先進機器的生產地，並持續發展。

不過，透過一般媒體所看到的模樣，只是中國的一部分。在中國，農村戶籍和都市戶籍之間有著明顯差別，前者大部分都還是非常貧窮。

爲了餵養數量龐大的人民，農民受命必須從事農務工作。而後，非國營企業開始從農村召集勞動力，將農村的人力運用於都市工業化。但相異於日本，這些中國人忍受在都市過底層的生活，成爲被壓榨的對象。

看了中國的統計數據，我發現都市和農村是分開的，這意味著在都市與農村存在明顯的「身分制度」。因爲過去實施糧食配給制度，部分國民無論如何都需要在農村從事稻作，也因爲都市和農村的所得有極大差距，所以習近平特意堅持勢必要縮小差距，而這也說明了，目前的狀況距離他的目標還很遠。

毛澤東雖然夢想實現人人平等，但今日階級化依舊存在：高級官僚爲最高階層，次之爲民營企業經營者和都市居民。農民來到都市，又形成了一個更低的階層。我以爲都市地區的居民因天安門事件對共產黨懷抱不滿，沒想到他們所經歷的是前所未有的經濟成長。來自農村的勞動者支撐這樣的成長，或者應該說，都市居民成爲獲利者。而這些從農村來到都市賺錢的勞動者，甚至成了都市居民這些既得利益者所歧視的對象。

若共產黨舉行民主主義式的選舉，接受農村支持的政黨應該會「大躍進」，這對都市人民和共產黨而言相當不利。所以，只要農村不出現大規模叛亂，現行體制就不會輕易崩壞。不過，矛盾的是，我們不知道中國人民潛在的不滿何時會表現出來。

比方說，二〇一六年曝光的《巴拿馬文件》揭露了設立離岸公司，藉以累積財富的權貴名單。在名單中出現了幾位中國權貴，以及與習近平親近的人士。雖然當事人並不承認，但涉及此案的中國人甚至超過三萬人。

對日本來說，中國肯定是很有力的貿易對象。然而，中國同時也存在人口老化等各種矛盾，也面臨了比過去更難解的問題，必須小心不要成爲強盛的遲暮之國。

二〇二九年的時代變化

- 中國經濟低迷
- 中國的人口數到達巔峰

必須思考的事

- 中國泡沫經濟崩壞時，該如何應對
- 爆發以農民工為主的暴動

這種東西會暢銷

・日本發展成熟的銀髮商機

賺錢方式

將日本少子高齡化的經驗運用於中國

在天安門事件所造成的騷動平息後，第一個前往中國的就是商務人士。換句話說，姑且不管意識形態如何，中日之間一直都在追求貿易往來。事實上，雖然有些許波動，但在一九七八年，當時的中國總理華國鋒發表《一九七六～一九八五年發展國民經濟十年規畫綱要》之後，日本的對中貿易便開始成長。

此外，前往日本的中國觀光客也順利增加。中國人在日本掀起爆買風潮，前往海外旅行的中國人很快就會突破兩億。二〇一七年有二八六九萬名外國人造訪日本，創歷史新高，其中中國人多達七三六萬，打敗了韓國，贏得第一名的寶座。相較於韓國，他們確實具有非常大的潛力。

因此，雖然面臨許多問題，但中國無疑是一個極為重要的存在。過去中國雖然被稱為老人國，但日本的高齡化程度比中國更加嚴重，日本開發出的服務，應該可以推行到中國。我想說的是中國的成長已經蒙上一層陰影。

中國的消費者走上了與日本人一樣的道路。在少子高齡化的趨勢之下，他們開始追求健康，一如慢跑、低熱量、低糖飲食在全球各地引發流行，那些應該也是中國消費者追求的目標。日本能夠提供的技術和知識，應該會越來越多。

日本的少子高齡化並不是值得開心的現象，不過，我們卻可以活用這個不幸，為其他國家提供顧問服務。

二〇三〇年

半數管理者是女性

女性的勞動比例提高，育兒支援服務充分而完備

P	Politics 政治	呼應聯合國的宣言，進一步加強推行女性活躍促進法。
E	Economy 經濟	女性管理職的比例提高。採用「女性經濟學」，活用女性的經濟活化政策。
S	Society 社會	女性因結婚而辭職，完成育兒工作後再度就業的M型化趨勢逐漸減緩，同時育兒並工作的女性人數增加。
T	Technology 技術	透過群衆外包等在家工作的機會增加，同時也可透過媒合服務，分攤育兒工作。

變化特徵

此刻全球男女地位逐漸平等，然而在日本，擔任管理職的男女比例還是有些許差距，但目前正在改善中。此外，育兒支援機構也必須變得更加充足、完善。

除了把孩子託給育兒機構，還需要更多可以減輕父母負擔的服務。女性不只能夠擔任公司的員工，她們也和男性一樣，可以自行創業，一站式女性創業支援活動將加速進行。

工作方式與女性的社會參與

我爲各種公司擔任顧問。最近，我經常被問到關於改革工作方式的想法。這個改革的目的是盡可能減少長時間工作，力求提高效率。

通常，我會有以下兩種回答。「之所以能打造出無法置信的絕佳成果，是因爲有一部分的人懷抱著異常的熱情在工作。但是，有勇無謀的工作方式有時並無法提升工作成果，唯有在新創企業，才能自發性的挑戰這種愚蠢行爲。所以，想專注工作、提高效率的人，必須辭掉大企業的工作。」另一種回答則是，「在大企業工作的人，最好不要舉行改革工作方式的會議或組成工作小組，因爲這樣只會讓你們變得更加忙碌。」

我無意挖苦。過去，我經常被喊著要改革工作方式的企業找去開會，結果卻是一場場沒有結論的會議。而且，因爲平日太忙，有些公司甚至希望我週六去幫員工培訓。

同樣讓我覺得不可思議的是，我受邀參加女性創業講座看到的事。我負責的是演講，但其他講座都是介紹如何拍攝可以用來曬ＩＧ的照片，或是可以找到更多工作的名片製作方法。這到底算什麼呢？雖然不是完全沒有效果，但這麼鬆散的內容適合即將來臨的女性時代嗎？

沒想到，只有聽講女性的閃亮眼神讓我留下印象。

女性向來都是消費的核心族群。而且在消費進入泡沫時期的八〇年代，出現了「瑪丹娜熱」（日本女性議員，多指稱貌美的女議員）。而後，一九八六年開始實施《男女僱用機會均等法》，女性正式進軍社會。

負責商品企畫的職員雖然全是男性，但女性才是消費的主角，因此無庸置疑的，女性的想法非常重要。而且在決定政策時，女性的觀點也變得比以往來得重要。

聯合國目標：二〇三〇年職場的女性主管者要達半數

不管是過去或現在，聯合國都致力消除男女僱用的差距。國際人權公約中便有廢除女性歧視條款。二〇一五年，在各國政府的同意下提出了政治宣言：在二〇三〇年之前消除男女差距。而且，必須努力在二〇三〇年前讓女性達到職場主管人數的一半。一如法國將內閣成員的男女比例設定爲一比一，各國均致力推行完全的平等。

呼應《聯合國宣言》，「女性經濟學」積極運用女性能力的運動一直發展到現在。因爲一九八五年聯合國宣示要提高女性參與政策決定的比例，日本在一九八六年開始實施《男女僱用機會均等法》。這回，他們也呼應了二〇一五年的政治宣言，制定了促進女性發展工作、生活表現相關法令的十年限時法（預先確定施行一定期間的法律）。這條女性活躍促進法規定，中型以上企業必須公開女性僱用比例等資訊。各家公司必須研究女性管理職的比例，並展開達成目標的行動計畫。

同時，根據這條法律積極僱用女性的企業，可以獲得厚生勞動省（同臺灣衛福部）所頒予的「L星」（L代表Labor與Lady）標章。厚生勞動省分三個階段來認定達到標準的企業，圓形的標章寫著「女性正活躍！」，企業可以印在名片或徵才海報上。

不希望晉升為管理職的理由

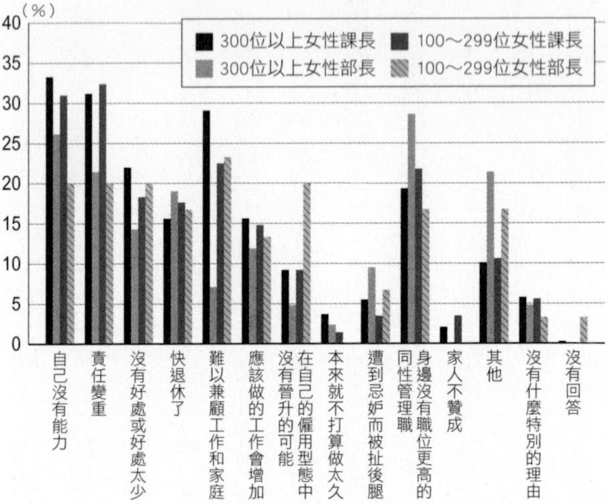

前任美國聯邦準備理事會主席艾倫・葛林斯潘（Alan Greenspan）曾認爲女性勞動者的能力被低估了，因爲僱用女性員工的效益遠比僱用男性員工來得大，所以他在自己的顧問公司中積極聘僱女性，他的事業也因此蓬勃發展。

這份資料或許有點舊，但在經濟合作暨發展組織（OECD）的報告中也做出了這樣的結論：《女性僱用平等法》不僅可以解決僱用不足的問題，還可提高GDP。

遺憾的是，在日本，女性的社會參與還有很長的路要走。

企業中很少或完全沒有女性管理者
不同理由的占比變化

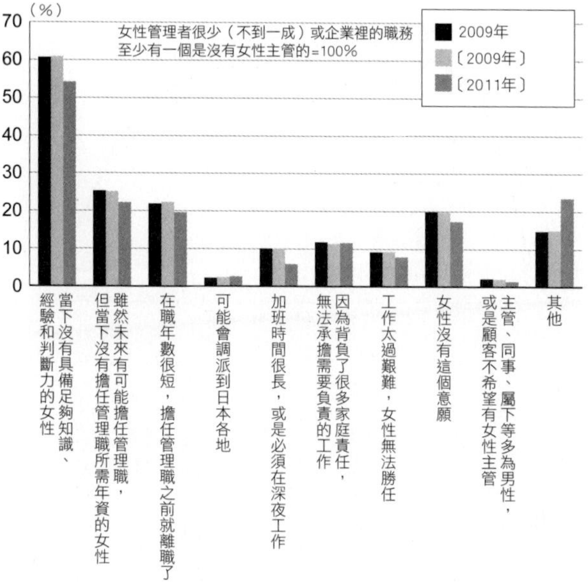

資料提供：厚生勞動省僱用均等／兒童家庭局〈2011年僱用均等基本調查〉

痛苦的日本社會

在美國，女性約占管理職的四成。即使是製造業較多的德國，也占了三成，但日本和韓國卻不到一成。

若從資料來觀察日本女性的學歷，可以發現她們擁有世界頂級的實力。但是，女性想擔任管理職的人數比例卻很低。不，正確的說法應該是「她們會自己壓抑擔任管理職的想法」。

事實上，根據內閣府〈關於男女共同參與社會規畫的輿

不同年齡的女性勞動人口比例（2014年）

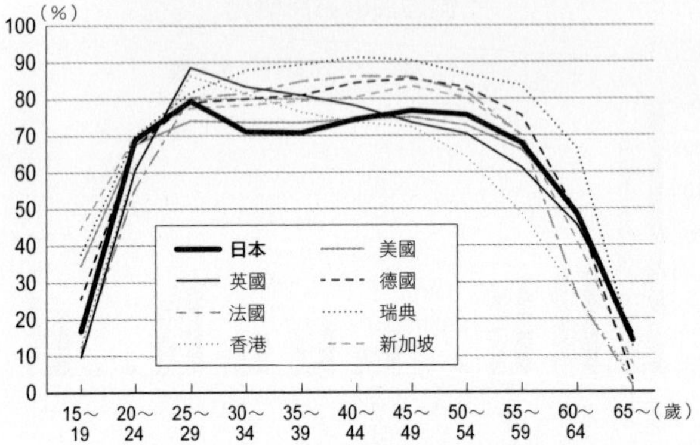

論調查〉，有八成的女性贊成持續就業。不過即使如此，很意外的，女性開始工作後，不追求職位晉升的理由多半都是「工作和家庭難以兼顧」「身邊沒有職位更高的女性管理者」。若職涯較短，就算能力和男性相當，也會因爲經驗值較少而輸給男性。此外，受教育年數也會拉開差距。

不少企畫表明將在二〇三〇年前消除男女間的工作差異，但目前卻完全沒有女性擔任管理職。其中最主要的理由是「當下沒有具備足夠知識、經驗和判斷力的女性」，說出這個答案的人應該不是女性員工，所以這是男性員工的判斷。

我認爲只要是優秀的人才，不管有幾年資歷都不是問題，但這時又會有人提出第二個理由：「沒有人具備足以擔任管理職的年資」。

在這樣的環境中，女性一定會打消晉升的動機。

各國總生育率與女性就業率（2009年）

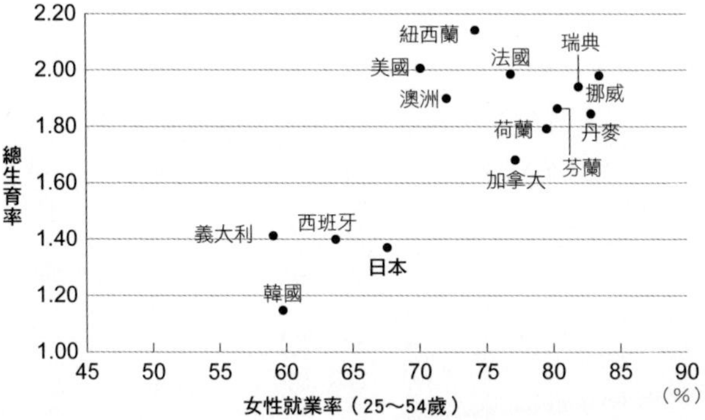

資料提供：OECD Family database

女性結婚、生小孩之後，通常會離開職場，等育兒工作告一段落後，再回歸職場，這樣的M型曲線尤以日本最爲明顯，若和呈現倒U字型的瑞典相比，則又更爲顯著。

雖然大家都說，這個M型曲線呈現了日本企業的老舊，但從公平一點的角度來看，這個M型現象已經逐漸趨緩。相較於一九七〇、八〇年代明顯呈現M型的異常現象，二〇一〇之後，雖然問題依然存在，但已經稍微改善了一些。

此外，有人指出女性參與社會，可能使出生率下降。事實上，二次世界大戰後，在女性踏入職場之後，日本和其他國家的出生率確實下滑了，但每個國家都努力打造可以兼顧家庭和工作的機制。至少在現代，隨著女性的社會參與，出生率反而有上升的趨勢。除了充足、完善公立育兒機構，打造出讓人想一邊照顧孩子、一邊安心工作的遠距工作機制也非常重要。

消除育兒和創業的難度

然而，依據我個人的經驗談，創造容易養育小孩的環境與讓女性容易工作的環境，分別都能帶來商機。

首先，日本現正努力增建幼兒園。但是，就算可以把小孩寄放在育嬰中心或幼兒園，對父母來說還是有點麻煩。比方說，如果是一到兩歲的幼兒，每天早上都要在尿布上寫名字，準備幾件圍兜，還要記得補充擦屁股的衛生紙和塑膠袋，再把兩套換洗衣物放進箱子裡。此外，還必須在家庭聯絡簿填上體溫、前一天的狀況、健康情形，以及家長意見。等年齡再大一點，還需要準備漱口杯和牙刷。

此外，還要定期參加家長會。學校辦活動時，不只是孩子，家長也要花好幾天來準備參加活動。在活動上，家長會被分配工作，之後「任務」還會不斷持續。但是，如果我批評這件事，應該有人會反駁，認爲上述作爲對孩子的教育非常重要。如果我說，至少不想參加活動的家人可以不用出席，有人又會說這樣不公平。會說出「不公平」這樣的措辭，表示應該沒有人想做這些事吧。原來如此，我感覺到大家表面上宣稱尊重每個人的自由和各自的考量，但實際上的做法卻又只會教出看別人臉色的小孩。

在其他國家，父母不但只要做好最基本的準備，就可以把小孩送去機構或托育處，也可以用口頭交流來代替聯絡簿，而且也沒有活動要參加。有些國家甚至沒有入園典禮，就連畢業典禮也沒有。雖然很難做得那麼乾脆，但未來應該需要可以讓父母減輕麻煩的民間育兒機構。而且，大部分的夫妻一想到做這麼多事所需要的成本，應該都會選擇後者吧。

其次，要考慮的是透過媒合服務來實現共享育兒制度，但這需要規定上的鬆綁。即使是上班族，偶爾也會有空檔，這個時候就可以反過來在網路上尋找臨時需要寄放小孩的父母。如果和年紀相仿的孩子一起玩，也可以有效利用玩具。當然，請不認識的人代爲照顧小孩或許有點可怕，這個時候就需要評分與其他的保障機制。

目前日本正在實施各式各樣的政策，希望能打造出讓女性較容易工作的環境。從另一個角度來說，就是支援女性創業的機制，變得比過去重要。現在，三十世代的男性創業家人數大幅成長。

相對於此，或許女性創業者由於需要照顧小孩，人數幾乎沒有成長。此外，男性退休後的創業人數從六十歲到六十五歲之間開始，有急遽增加的趨勢，這個年齡層的女性創業則幾乎沒有增加。

雖說是創業，在一開始未必需要大量借款。可以從小規模開始，發揮自己的專長，對社會的教育或網路領域進行貢獻。也可以用自由工作者的身分來登錄，透過群衆外包（Crowdsourcing，個人或組織透過網路向大衆取得需要的服務和想法）服務展開工作。

這個時候，創業者需要的不是高高在上的服務，而是實際好用的服務。現在的問題是，在日本周全而詳細的法律規定下，完全不知道必須具備什麼樣的資格才能創業，又該向哪個單位申請。比方說，某位女性因爲覺得兒童用安全帽外觀太土，想自己試著製作，這是女性特有的觀點。她馬上就找到了可以幫忙製作的工廠，也立即做好網頁，並在網路上刊登廣告。

但是，爲了通過產品責任法和各種規定，她不知道該找哪個政府單位或公家機關。創業者需要的不是商業競賽、表彰制度或創業學校，而是一站式的諮詢服務。

二〇三〇年的時代變化

- 女性更加參與社會，女性占了五〇％的職場管理職位

必須思考的事

- 如何讓自家公司女性員工發揮所長
- 如何善用女性的能力，成為可向社會宣傳的武器

這種東西會暢銷

- 可減輕父母辛勞的育兒事業
- 針對女性的一站式創業服務

賺錢方式

打造成本和收益的典範轉移

在我身邊，有許多女性上班族和極少數的女性創業者。因爲樣本數太少，所以無法歸納出通則。不過，後者可以運用家務協力服務，但前者什麼都得自己來。可能有人會說，因爲年收入不同，這樣的結果也是理所當然。

或許，前者對請人幫忙會感到抗拒，後者則沒有這種感覺。女性上班族雖然知道時間有

限，但認爲如果要付錢聘僱家務協力服務員，還不如自己做，對比女性創業者請人代爲處理家務，自己再利用那段時間來工作，這兩種模式在成本和收益上有著極大差距。

因爲日本社會認爲賢妻良母才是理想角色，所以凡事都要以節約、儲蓄和穩定爲前提。如果要打造事業，可能必須借錢，將希望寄託在未來，就算沒有負債，也必須捨棄上班族的薪水，熬過幾個月或幾年沒有收入的黑暗時期。

這是一種典範轉移，我認爲就因爲轉移很困難，所以創業人數才這麼少。而且，這也關係到家庭環境和教育問題。

不過，如果到了二〇三〇年，勉強達到五〇%的主管職都是女性，坐在相當於現在知名創業者位置上的一定是強悍的女性。透過這些典範的影響，在創業領域應該也可以逐漸達到男女平等。

二〇三一年

日本太空產業的市場規模倍增

太空產業成為下一個成長產業。

在全球各地，各式各樣的太空事業均開始扎根

P	Politics 政治	根據《太空基本計畫》，國家與民間攜手合作之下，產業發展越形活化。
E	Economy 經濟	衛星相關事業的市場規模將會不斷成長、擴大。
S	Society 社會	透過衛星定位等來自太空的通訊和衛星畫面的分析，太空變得近在咫尺。
T	Technology 技術	往太空運送貨品，或是從太空輸電等技術不斷進化。

變化特徵

全球太空產業的市場規模不斷擴大。日本也開始著手發展太空產業，除了透過智慧型手機使用的GPS資訊，也開始將來自衛星的資料運用在各種不同的功能。如果民間單位可以自由的處理、分析來自衛星的資料，應該可以打造出前所未有的全新產業。

下一個開拓地——太空

日本漫畫家藤子・F・不二雄的短篇作品〈三萬三千平方公尺〉中，有名男子不斷糾纏身為商務人士的故事主角。那位商務人士主角只是一名平凡人，沒有土地資產。但是，那位男性卻要求主角以數億日圓的價格把土地賣給他。

故事主角認為那名男子應該找錯人了，不然就是在跟他開玩笑，所以不斷躲著他。但最後，那名男子全副武裝把珠寶拿到主角跟前，強迫主角把土地賣給他，結果主角就這樣將錯就錯的用販賣土地所得的珠寶買下了大豪宅。後來主角想到，他曾經在十年前用一千日圓買下了火星的土地權狀，當然，那只是個玩具商品。沒想到，有個太空人很積極的向他買這張權狀……

這個故事帶著「些許不可思議」，充滿濃厚的藤子風格，是部充滿意外趣味的傑作。藤子以太空為故事背景所畫的短篇故事雖然很多，但因為這個故事的主角太過平凡，讓我印象非常深刻。

太空產業是關乎國家尊嚴的競爭，從一九五〇年代美蘇的太空開發計畫開始起步。冷戰結束之後，太空開發呈現停滯。進入二〇〇〇年代之後，印度和中國也投入了太空開發的領域。到了二〇一〇年代，美國電商亞馬遜公司的執行長貝佐斯、特斯拉與美國太空探索科技公司（Space X）的創辦者馬斯克等人，也相繼將注意力放在太空領域。

不過，日本對太空產業似乎不是那麼感興趣。所謂太空，指的是距離地面超過一百公里的地方，這個距離大約是從東京到熱海，但卻很難想像。對一般人來說，感覺就像個遙遠的世界。火箭這類工具，因為感覺不到實用性，彷彿無用武之地。但事實上，透過智慧型手機使用地圖的APP時，便已經運用了衛星定位。此外，想獲得氣象預報的資訊，火箭也是不可或缺的工具。

日本的動態

二〇一五年的《太空基本計畫》主張，預計以GDP六百兆日圓，振興太空產業，目標在二〇三〇年代初期，讓太空產業的市場規模加倍。二〇一六年通過了《太空活動法》和《衛星遙感法》，民間業者也將事業範圍延伸至過去一直由國家獨占的衛星發射生意。

在日本，準天頂衛星系統（Quasi-Zenith Satellite System）的「引導」非常有名，但是二〇一〇年才發射了第一顆。二〇一八年準天頂衛星系統以四台機器進行運作，藉此實現了二十四小時的衛星定位服務。雖然之前就有GPS這種定位服務，但透過新的服務，精確度可以提高到以公分爲單位。

說到GPS的運用，雖然可以想到幾家企業有能力活用，但能夠分析其他衛星資料，並藉此提供服務的企業則非常有限。剛剛說到，對日本人來說，太空相當遙遠，但就全球來說，太空事業將是未來競爭力的泉源。

全球衛星產業的收益和成長率

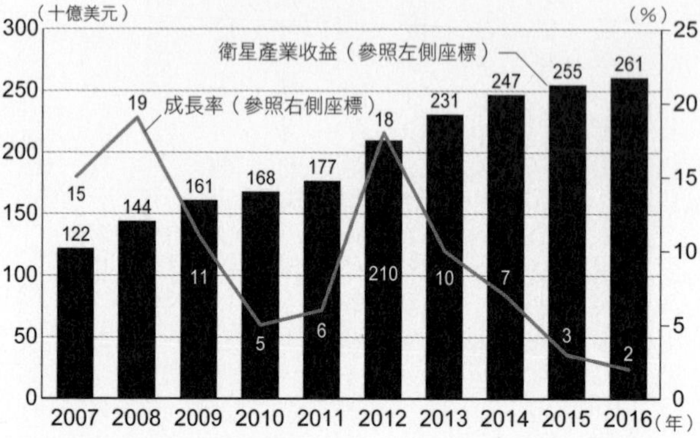

太空、衛星相關產業的成長

全球的衛星相關市場規模超過兩千六百億美元，目前仍不斷成長。世界各國對太空相關新創企業的投資也大幅增加。另一方面，在日本有九成都是國家的需求，民間需求並不多。在全球企業的排行榜上，營業額居冠的是美國的航太製造廠商洛克希德・馬丁（Lockheed Martin），日本的三菱電機好不容易才擠上第十九名（總務省《太空領域的ＩＣＴ運用現況與課題》（宇宙分野におけるＩＣＴ利活用の現状と課題））。

太空產業的範圍意外廣泛。在《太空基本計畫》工程表中，列出了這些領域。

- 衛星定位
- 太空運輸系統
- 衛星通訊
- 掌握太空狀況
- 衛星遙感
- 掌握海洋狀況
- 早期警戒功能
- 強化太空整體的存活率
- 太空科學、勘查、人類太空活動

從各個發展太空產業的國家角度來看，這些領域都有機會成爲重要的出口商品。許多新興國家爲了商業或軍事用途，都想擁有自己的衛星。除了人工衛星本身，市場上也需要應用系統（事實上，日本已經持續針對非洲和南美的官方及民間進行銷售）。

在此，我便針對其中幾項進行說明。

- **衛星通訊：**透過衛星的波束，可以讓飛機內的網路及船隻上的寬頻進行通訊。當國家發生災害時，也可以透過衛星照片來提高對抗災害的能力。
此外，透過衛星爲全世界網路環境不齊備的人們打造通訊網的構想也不斷擴散。軟銀集團也參與投資的計畫，將針對全球四十億人提供網路環境。
- **掌握太空狀況：**顧名思義，就是監視太空的狀況。其中，特別受到注目的是太空垃圾，也就是火箭的殘骸。雖然軌道已清楚劃分，但事實上，還是會發生通訊衛星的相撞事件。從不同的範圍算起，垃圾數量有些許變化，不過包含小型個體在內，大致有超過一百萬個以上。
有些公司可以分析垃圾動態，並通知衛星的營運單位。在日本，專精於清除垃圾的新創公司Astroscale相當受到矚目。
- **衛星遙感技術：**亦即分析從衛星拍攝到的地球相關資料。如果可以不斷獲取來自衛星的影像，就可以詳細分析。遠洋漁業會使用無人機，因爲讓無人機探勘比較有效率。漁夫們或許無法即時確認衛星資料，但還是可以確實掌握洋流。

此外，可行的太空服務還包含以下幾項。

- **農業建議服務：**分析農地影像，藉以提供氣象資訊、通知蟲害發生狀況，並調整化學肥料的用量。此外，也提供大氣汙染預測、豪雨資訊、颱風路線資訊等。同時也可監控颱風過後的受災狀況。
- **海洋建議服務：**分析海洋影像，提供最適當的航海路線。Google 地圖是非常知名的衛星影像服務，如果還能利用其他影像，用途會更加廣泛。
- **太空科學：**我孩提時代，總覺得太空人在太空做實驗非常不可思議，但當時電視沒有說明太空人可以這樣做的理由。如果能利用無重力狀態下不會打亂蛋白質結晶的特色，就能在太空開發治療用的藥品。因此，若製藥公司從效率化的觀點來開發新藥的話，應該有打造商機的可能。

其他太空事業的動向

因爲太空梭的機體不能重複使用，所以成本非常高。或者應該說，比起回收，重新打造可能還比較便宜。

因此，目前正在進行衛星的低成本化研究。小型衛星的開發也不容錯過。目前已經利用3D列印機，嘗試製作衛星專用的零件。過去因製作數量太少導致成本過高，若民間的需求量增加，衛星也可以量產。日本的Axelspace Corporation公司過去花了數百億日圓成功打造了價格只有大型衛星百分之一的低價衛星。

大家總帶著夢想在發展太空商業。除了上述之外，也有太空飯店的構想。日本清水建設公司在「清水夢想」中，藉著創造出人工的重力空間，共設計出「一〇四間單人房模型，其中有六十四間客房模型」，能夠體驗眺望地球的新奇經驗。

但是，更有趣的應該是太空電梯的構想。使用了奈米碳管電纜，以升降梯連貫太空和地面，是一個連結長度超過五萬公里的龐大計畫。只要些許能源，就可能往返地球和宇宙。

雖然早期計畫沒有如預期般實現，但美國還是成立了太空電梯公司（LiftPort Group），針對這項建設進行了討論。日本則有建造營造公司大林組參與，據說預計在二〇五〇年實現，應該有很多人可以看到這個計畫成真。

太陽能發電衛星雖然還是未來式，但也是計畫之一。它可以將堆放在衛星裡太陽能板的電力，透過雷射送到地面。若考慮到太陽能板的費用，現在的發電方法應該比較便宜，但由於日本擁有太陽能板的技術，未來發展非常值得期待。

衆所期待的開放式戰略

我換個話題，來討論開放式戰略。日本的公共資料已經免費公開了，但是相較於美國，公家機關的資料都是以PDF的格式呈現，而非Excel，比較不容易進一步處理。然而即使如此，政府官員努力寫下的白皮書和統計資訊還是非常有用。

我認爲，其中最值得注目的是〈家庭經濟調查〉。回答的人多半都是家庭主婦，雖然還是有一些問題，卻是一份清楚記載日本人把錢花在哪裡的資料冊。這是行銷的寶藏，光看這些資料就會產生許多靈感。

同樣的，也需要討論太空相關資料是否可以開放。因爲大家都期待能活用衛星資料，如果將種類和資料格式都加以規定，衛星大數據應該很容易就能進一步處理。雖然有安全上的顧慮，但透過資料的開放，可以促進太空事業的創新。

此外，亞馬遜也開放「AWS Public Dataset」，非常值得一看。「由八號衛星製作中的地球全境衛星影像集」也已經公開，其中刊載了無數個企業使用地球觀測資料的實例，企業家和新創事業負責人應該可以來看一看。

太空事業與覺悟

太空事業，不管是商品還是服務，從開始構想到實際運用，都需要花上十年的時間。也就是說，需要花上商務人士三分之一的職涯。如果失敗，一切都是枉然，專案成員和員工需要有某種瘋癲的狂熱。說到這個，可以舉亞馬遜的貝佐斯和Space X的馬斯克為例，除此之外，微軟公司創辦人之一保羅．艾倫（Paul Gardner Allen）、維京集團的理查．布蘭森（Richard Branson）等人，也都是具有號召力的領導者。

當然，不只是太空事業，所有的商業都需要全心全意的投入，將未知轉換爲確信。只不過，以太空爲目標的大規模事業，特別需要提出偉大的願景。以這層意義來說，各家公司的動向非常值得觀察。

二〇三一年的時代變化

- 日本太空相關產業的市場規模加倍成長

必須思考的事

- 衛星與周邊機器等相關商機
- 太空數據開放後，自家公司要如何運用

這種東西會暢銷

- 分析來自衛星的影像後，提供建議的服務

賺錢方式

地球上已經玩過一輪的商業，到太空再玩一次

在這個章節開頭，我半開玩笑的提到了藤子的短篇故事。但現在大家還是持續在討論，宇宙的資源究竟屬於誰。二〇一五年，美國制定了《同意宇宙非生物資源之販售》的法律。雖然我認為沒有任何星球能夠擁有太空資源，但大家已經開始制定太空資源開發的相關法律。

以前，月球上有著遠比地球更多的氦－3這件事引起熱烈討論。因為這是可用於核能發電的物質，可以作為國家的能量來源，因而引起世界各國的關注。從現在開始，應該會引發太空資源相關的國際紛爭。因此，法律界很早就開始處理相關議題，想趁這個機會開始發展的商業也應運而生。

如果人們很輕易的就可以前往太空，局勢又會變得如何呢？在這個章節我們沒有探討太多，不過，搭乘人造衛星前往太空旅行的價格將因此變得更低。另外，到了太空之後，馬上降落、抵達期望的目的地這種超級飛機也正在研發中。若真能實現，保險業又該如何因應呢？

這麼一想，太空的確是下一個兵家必爭之地。

換句話說，太空是可以讓已經在地球上玩過一輪的商業模式再次登場的「場所」。

二〇三二年

印度的GDP超越日本

印度身為日本友好國家，在各領域都極具潛力，且快速成長

P	Politics 政治	日印之間的經濟合作持續進行。
E	Economy 經濟	印度的GDP超越日本，IT技術人才輩出，並大量使用各類智慧型機器。
S	Society 社會	人口數超越中國，發展成巨大市場。但基礎建設相當脆弱，需要維修整建。
T	Technology 技術	與印度連結的群眾外包持續發展，可以超越語言的障礙，善用印度人才。

變化特徵

印度的ＧＤＰ超過日本，且因人口增加，成爲世界經濟的中心。印度的智慧型手機普及率尚低，各種商品都具有市場發展潛力。

近幾年，日商企業終於開始進軍印度。印度與日本關係友好，對日本企業可說是相當有利。而且，印度在基礎建設方面尤其需要可以信賴的夥伴，對日本企業而言，是值得重視的領域。

月光假面大叔和印度人

小時候，我看《月光假面》動畫的重播時，除了黑白影像，以及故事主角大叔自稱是正義使者這點帶給我奇特的感覺之外，更讓我印象深刻的是他的頭巾造型。三十年後，我很偶然的知道《月光假面》的原作者就是名曲〈母親〉（おふくろさん）的作詞者川內康範，著實爲當時文化人的多面性感到驚訝。

更讓我感興趣的是，三十年前那令人驚奇的頭巾造型，是受到穆斯林包頭巾的影響。原來，《月光假面》是爲了抵抗其他國家，將日本與阿拉伯國家加以連結所構思出的壯麗敘事詩。

川內康範同時也是《彩虹化身俠》（愛の戦士レインボーマン）的原作者。現在回想起來，這部描繪主角和死亡軍團之戰役的歷史性作品，充滿了暗示。主角爲了成爲彩虹化身俠，接受了印度仙人的教導。雖然阿拉伯世界有些遙遠，但日本與印度位於亞洲的東西兩側，這樣的組合應該也不錯。日本聯合其他亞洲國家的構想，早在七〇年代中葉以前就出現了。

印度和日本的關係雖然似近似遠，若從人口的角度來說，未來印度無疑是日本最重要的來往國家。

印度與日本人

和菲律賓一樣，印度也是無條件親日國（因為菲律賓和印度是二次大戰期間，少數沒有受到日本軍隊侵略的國家）。絕對不能破壞日本和印度間的這種親密關係。特別是現在，從東亞前往非洲的航線相當受到注目，在地理上，印度（或斯里蘭卡）位於一個絕佳位置，而且印度和非洲也有許多人際上的連結。

印度和日本一直十分友好。在遠東國際軍事法庭上，印度法官拉達賓諾德．帕爾（Radha Binod Pal）主張日本甲級戰犯無罪這個判例非常有名。不用說，澤木耕太郎先生的《深夜特急》更是讓印度成了旅行者的聖地。

一九九八年，印度舉行核子試爆，日印關係惡化。不過，二〇〇〇年，當時的日本首相森喜朗造訪印度，那個時候締結的「二十一世紀日印全球夥伴關係」產生了極大的影響。在那之後，日本開始和印度展開人才交流。

二〇〇八年，「二十一世紀日印全球夥伴關係」變成「戰略性全球夥伴關係」，到了二〇一四年，又進一步發展成「特別戰略性全球夥伴關係」。

二〇一六年十一月，安倍首相爲了向印度總理莫迪展示新幹線工廠，帶領他參觀川崎重工業公司。日本的製造業經常被批評爲「品質雖好，但價格太高」。但是，像新幹線這種基礎建設則另當別論。畢竟新幹線和家電不同，萬一稍有不妥，便可能釀成重大事故。在這個領域，日本的高品質獲得極高的評價。

事實上，日本已經決定協助以新幹線連結印度的孟買和艾哈邁達巴德之間的五百公里距離。如果這條新幹線營運順利，在競爭其他路線時，日本的新幹線肯定也能超越其他國家。安倍首相的安倍經濟學非常有名，而莫迪總理也在印度國內提倡名爲莫迪經濟學的經濟政策。

印度的商業環境已經備妥

印度的貪污情形十分嚴重。二〇一四年索契冬季奧運期間，國際奧委會甚至對印度奧林匹克協會停權處分。像中國的習近平一樣，現在莫迪總理正竭力肅清貪污。

舉個例子，大部分用來賄賂的金錢都不會記錄在帳戶和帳冊上。因此，印度現在正極力揭發黑金。二〇一六年十一月，五百盧布和一千盧布的高額紙幣，在莫迪總理公布後短短四個小時內便遭到廢止。廢除高額紙幣的原因，是讓人們無法為了逃稅，把家裡的錢拿去銀行存放，那些無法在銀行中交易的高額紙幣便會流入黑市錢莊，這麼做可以消除那些不能曝光的黑錢與藉以洗錢的貪腐黑金。雖然社會因此陷入混亂，卻對監控金錢流向有很大的幫助。

二〇一四年莫迪總理推動「在印度製造」運動，延攬了全球企業在印度設置生產據點。軟銀集團的社長孫正義也承諾在印度進行高額投資。同年，安倍首相與莫迪總理發表共同聲明，將對印度進行官方與民間合計三·五兆日圓的投資。

在印度相當知名的印度理工學院（IIT）孕育出許多工程師，印度管理學院（IIM）也打造出不少商務人士與管理階層。印度人才素質之高舉世聞名，如微軟公司執行長薩蒂亞·納德拉（Satya Nadella）就是在印度長大、畢業自美國大學的人才，在IT產業相當活躍。

在日本企業與歐美企業眼中，印度的優勢是因爲有民主體制。當下的政權都是反映最大民意趨勢的政權，這和中國共產黨的一黨獨大截然不同。雖然種姓制度至今依然存在，但憲法和法律上不承認這個制度。

現在種姓制度依然影響印度人民，與同一種姓的人結婚被視爲理所當然。而且，光看名字便可知道那個印度人屬於哪一個種姓。

想脫離種姓制度，只要很單純的脫離宗教即可。若改信伊斯蘭教，便和印度教沒有關連，或者也可以選擇佛教。雖然可能因爲過往人際關係的牽絆而遭受攻擊，卻可以脫離強烈的差別待遇。

超越日本和中國的印度

高盛集團過去曾預估，二〇三二年印度的ＧＤＰ將會超越日本。以下是我的假設：如果日本經濟的年成長率達到一％，而印度的經濟成長超過五％，到了二〇三二年，印度的經濟實力確實會超越日本。若以美金計算，二〇一一～二〇一五年，印度一年平均有五．二％的

日本與印度的GDP（以美元為計算單位）

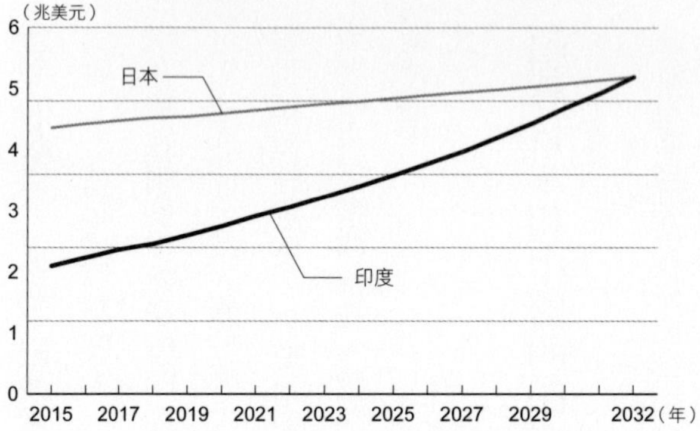

經濟成長，這樣的假設並非不可能。

二〇二五～二〇三〇年，印度的人口數可能會多過中國，超越十四億人，到了二〇五〇年，甚至會接近十七億人。

這個數字極爲龐大。光是這個事實就讓人感受到各種市場潛力。比方說，目前印度使用行動電話的人數約有十億人，但其中，只有一億人是使用智慧型手機，而且還是Micromax、LAVA、Karbonn等當地公司生產的便宜手機，他們對日本製手機完全陌生。在印度相當流行預付卡，因爲這對連銀行戶頭都沒有的人來說，是一種很好的服務，此外，還有極大的空間可以發展使用智慧型手機的電子商務事業。

印度與中國的人口預測

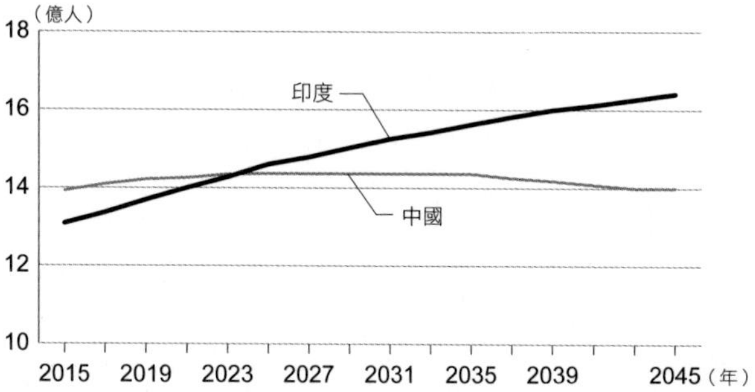

資料來源：聯合國

生性快活的印度人

我過去曾任職於汽車公司的研究單位。當時聽聞印度軟體工程師的優點是可以閱讀尖端內容的英文論文。後來，當我和在泰國僱用印度技術人員的經營者談話時，聽到的一樣是印度人可以閱讀英文論文這個優點。現在，雖然翻譯的速度變快了，但可以直接享受英文版的小說或電影，或許可說是他們的強項。

印度的語言種類非常多，光是官方語言就有二十一種，說印度話的人只有全體國民的四〇%。所以，英文也是官方語言之一。但在我看來，日本人對印度人的英文能力評價或許太高了一點，我認爲印度人講的英文很難聽懂。計算能力也是如此，聽說印度人可以心算兩位數的乘法，但實際和印度人接觸過後，就知道這只是一種謠傳，或者是過度誇張的說法。的確，或許有部分印度人很擅長十幾乘以十幾的兩位數乘法，但並非所有人都是如此。

不過，不管是英語還是計算能力，他們總是會很積極的表現自己。

印度人會用很清楚明瞭的方式來誇耀自己。醒目的華麗服裝或住宅，無非是想告訴大家，這就是成功者的模樣。印度商人穆克什．安巴尼（Mukesh Ambani）（印度最大重工業集團的總裁，資產多達五百億美元）打造了二十七層的大樓當成自家住宅，也是一個很明顯的例子。

曾經和印度人做過生意的人就知道，與其說他們討厭妥協，倒不如說他們堅持「讓步就輸了」的哲學。我之前和印度人討論，他們那種「連一點細微的地方也毫不讓步」的性格，讓我感到非常驚訝，更何況那個人還是我們公司印度據點的員工，而非交易對象。當然，堅持自己的意見這點值得日本人學習，但是根據我的親身經驗，總覺得他們把時間浪費在非本質性的議題上。

關於印度人的執著性格，讓我覺得最好笑的是「就算投胎七次也不會忘記」這句話。意思是，就算投胎七次，我也不會忘記曾經施予你的恩情。我不知道他們對投胎轉世一說相信到什麼程度，只記得當時覺得七輩子實在好長啊。

似近似遠的國家

日本企業進軍印度的歷史並不久遠。進軍印度的日本企業，在二〇〇八年有四百三十八家，到了二〇一六年成長為三倍，有一千三百零五家，換個角度，我們也可以說「只」有一千三百家。印度的IT技術人員明顯增加不過是近二十年的事。

以前，日本製家電無法打開東亞市場，是因為他們沒能掌握當地的需求。比方說，洗衣機必須能夠清洗沾滿泥巴的蔬菜，但日本家電廠商的技術人員並沒有想到這一點。日本的手錶無法受到穆斯林青睞，是因為沒有指南針，不知道麥加在哪個方向。同樣的，針對印度設計的冰箱需要付上鑰匙，這是為了禁止傭人擅自打開冰箱，把食物吃掉。

企業進軍印度必須了解印度文化，若是一知半解，多半都會失敗。觀察那些成功例子，絕大多數都是徹底融入印度文化的企業。

舉個例子，我就非常尊敬鈴木汽車。鈴木汽車於一九八三年進軍印度。他們不單單只把印度人視為勞動力，而是提供教育，視其為一起成長的夥伴。在其他國家，外資公司的出資比例總是受到限制，但鈴木公司的出資比例在一九九二年從四〇％成長到五〇％，然後又進一步成長到五四％。他們接收了印度政府售出的持股，成為大股東，徹底展開民營化。而後，他們又僱用更多人力，並在印度擁有絕大部分的股份。

鈴木公司的案例非常知名，而除了本田汽車等汽車業者、Panasonic等家電製造商，將重點放在大量年輕人口的KOKUYO等文具廠商、unicharm等生活用品廠商也進軍印度。此外，雖然印度教的飲食戒律非常嚴格，但養樂多公司也努力展開配送事業。

印度的基礎建設事業

而我關注的則是基礎建設事業。印度的道路總長爲日本的四倍，僅次於美國，占世界第二位。印度的汽車數量不斷成長，比去年成長一〇％，但道路長度只增加了三～四％。

印度的國道和高速道路的比例只占全體的一．九％，但交通量將近全國的四〇％，塞車非常嚴重，而這也是東南亞的共通現象。現在，官方和民間正共同攜手，快速打造基礎建設，日本企業正好可以發展基礎建設的相關事業。事實上，目前已經在日印經濟協力的框架下，展開鐵道、運輸、道路等各式各樣的計畫，日本提供給印度的戰略性融資也增加了。

此外，二〇一二年印度大半個國家都陷入停電狀態的事故非常有名。雖然目前已經改善，但一如中國，印度的農村地區還沒有完整的建設。不只是發電、輸電、配電，在小型發電的領域也有日本可以發揮的空間。

在印度的成長背後

如果印度依然持續成長，能源使用量和已開發國家一樣高時又會如何？曾經去過這兩個國家的人一定會發現，美國和加拿大的能源使用量非常高。很少人會像美國和加拿大一樣單程花上一小時來通勤，耗費那麼多汽油，反觀印度的能源使用量只有他們的十分之一。如果這個差距隨著印度的經濟成長而縮小，便會爲世界環境帶來極大的影響。

縮短新興國家和已開發國家的差距固然重要，但過程並不算順利。這個時候肯定十分需要節能技術，日本應該掌握這個良機。

二〇三二年的時代變化

・印度GDP超越日本，人口數量超越中國

必須思考的事

- 在印度這個人口成長國家使用的智慧型手機等通訊器材事業
- 汽車、家電等產品的當地製造、當地銷售
- 基礎建設事業

這種東西會暢銷

- 已開發國家的國民所擁有的機器類產品
- 隨著印度人口的增加，過去在日本相當普及的汽車等移動方法
- 生活用品

賺錢方式

要善用印度，不要只有製造業

我現在經常針對企業的供應鏈提供顧問服務。所謂業務流程外包（BPO），指的是將企業的業務流程外包給其他公司，主要項目包含客服和一般事務處理等等。

全球的客服中心都集中在印度和菲律賓，因爲他們擁有許多可以用英文溝通的人才。有趣的是，連電話性交，亦即提供猥褻對話的付費服務也都外包到印度了。

但是，大家對印度人的英文能力評價過高，若以「outsourcing phone sex India」這幾個關鍵字來搜尋，就會發現歐美人士很「認眞的」在討論印度人「音調很奇怪」這件事（此外，最近我徵詢各家企業的意見，發現他們因爲R的發音，而將客服中心的業務轉移到菲律賓）。

但整體而言，印度人才確實很優秀。現在當企業在尋找外包公司，在日本被稱爲衆包的媒合服務非常有名。但想使用服務時，卻只能找日本國內的公司，像線上祕書等服務，日本人往往會因爲語言的障礙而無法使用。如果能擴大到英語圈，就可以馬上和印度等國家的人力銀行進行串聯。

在二〇三二年前，自動翻譯服務應該會變得非常普及，到時，就善用印度人才這一點來說，就會變得非常方便。此外，以印度作爲轉運站向中東地區進行銷售的戰略，也會比較容易實行。

若就眼前來看，或許會因爲高度通貨膨脹和消費低迷而覺得印度經濟成長減緩，印度國內的投資也稱不上熱絡，而且，商業發展也會受到人脈的影響。

不過，即使如此，印度啓動的新創企業育成政策（Startup India），孕育出許多新創企業，對新創企業的支援活動也相當盛行，從世界各地吸引了許多投資者。

最重要的是，只要前往印度就會發現，在一片混亂中，可以確實感受到一股成長氣息。身爲親日國的印度，絕對足以爲日本企業提供拓展商業的機會。

二〇三三年

超過三〇%的空屋

正式邁入空屋時代，減少空屋或活用空屋的商業蓬勃興盛

P	Politics 政治	為了減少空屋，全國上下竭力投入《空屋對策特別處理法》等政策。
E	Economy 經濟	縱使空屋增加，卻仍持續建造的租賃物件，很可能成為負遺產。
S	Society 社會	隨著戰後嬰兒潮人口的死亡，無人繼承的不動產不斷增加。
T	Technology 技術	可以透過網路媒合服務，藉著經營民宿來活化空屋。

變化特徵

二〇三三年空屋將超過三〇%，但租賃物件卻不斷持續搭建。在日本，相對於投資金額，資產價值將不斷縮減，可能造成放棄繼承的趨勢，屋主不明的空屋會不斷增加。

爲了解決這個問題，必須共享空屋資訊，並簡化繼承手續。同時，爲求善用空屋，民宿和社區共享住宅等的經營也非常重要。

「購屋VS.租屋」是一個「雞生蛋還是蛋生雞」的問題

過去，我曾受邀擔任某個電視節目的特別來賓，討論的主題是「該購屋還是租屋？最終決定特集」。我問工作人員，「是否可以很不客氣的直接提出我的意見」，對方回「可以」，因此我在節目中回答，「會因爲不知該購屋，還是租屋而煩惱的人，應該就只能租屋吧」。我覺得自己很誠實的回答了，卻沒有被採用。

仔細一想，事情非常簡單，如果付了一百萬日圓，可以得到價值一百萬日圓以上的東西，那當然沒有問題。但是，如果價值會變成九十萬日圓，那最好就別買。而且我們無從預測會變成一百萬還是九十萬日圓。只有能夠承擔風險的人，才有資格投資價值未知的商品。

但也有人說：「如果是租屋的話，最後不就什麼都沒有嗎？」購屋就是購買「家」這個金融資產，就算是租屋，只要將其他資產投資在不動產投資信託（REIT）就好了，做的事情其實是一樣的。只不過購屋的話可以自由利用房子，其餘就看個人自己的選擇了。

我因工作之故經常前往地方鄉鎮，偶爾會看到二樓雨窗緊閉的情景，這是因為年邁的夫妻無法爬上二樓。即使在三十歲時買了房子，孩子可能會在上了大學後離家，這樣的話，就等於只為了區區十幾年的時間而搭建住宅。

當然，如果想這樣做，也是個人自由。

日漸浮現的空屋問題

二〇一五年，野村綜合研究所發表了一份令人驚訝的報告。照這個趨勢發展下去，到了二〇三三年，會有多達兩千一百五十萬戶空屋，占所有住宅的三〇．二％，也就是說，有三分之一都是空屋。若我們看國土交通省在二〇一五年的社會資本整備審議會住宅建地分科會（第四十二次）上所發表的資料，可以發現在二〇一三年就已經有八百二十萬戶空屋，約占所有房屋的十三．五％。不管是國土交通省或民間智庫的預測值，都引用了前述「超過三

各類型空屋的數量變化

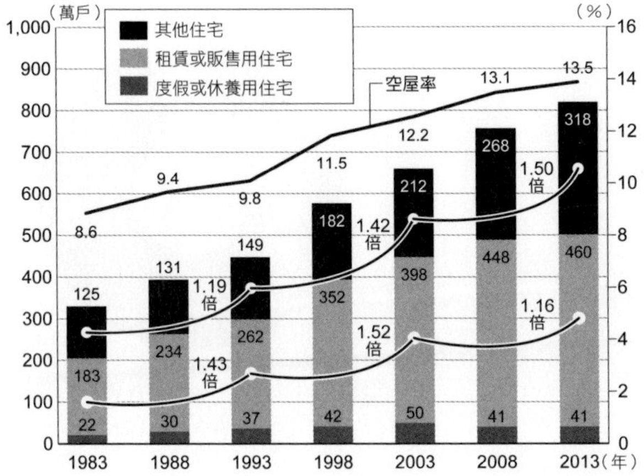

資料來源：住宅／土地統計調查（總務省）

〇%」的預測。

其中大部分都是租賃用住宅，租賃用的空屋每年都在持續增加。即便如此，租賃住宅還是不斷興建。比方說，二〇一六年的新住宅開工戶數爲九十六萬七千兩百三十七戶，其中租賃住宅有四十一萬八千五百四十三戶，相較於前一年，有增加的趨勢。雖然比泡沫時期穩定，但數量還是非常多。

大家認爲投資住宅可對國家整體帶來超過兩倍的利潤，投資二千萬日圓會變成四千萬日圓，因此不景氣時，就會宛如打強心針般祭出住宅政策。

但是，就算主人死亡，如果房屋的價值很高，就不會變成空屋，有可能是繼承者居住，或將其出售。

各種類空屋的占比

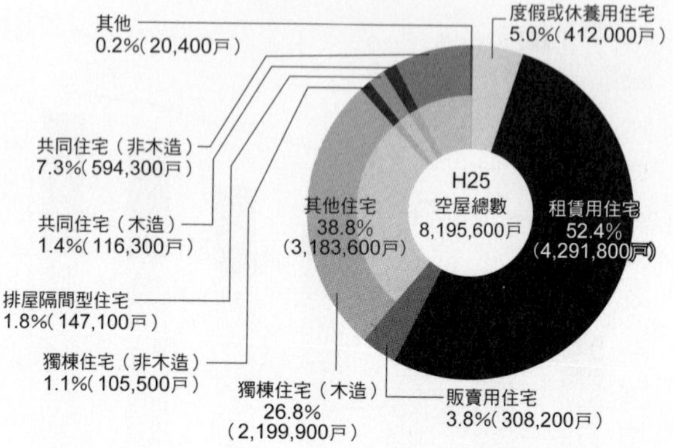

2013年度住宅／土地統計調查（總務省）

國土交通省的〈中古住宅流通促進／活用相關研究會〉的資料中，最有趣的部分就是日美住宅投資的相關數字。資料分別針對日本和美國投資在住宅上的總金額與住宅資產額進行比較。在美國，投資金額幾乎和資產額一樣。這樣的話，就算購買住宅，退休後賣掉還是可以拿到錢，說不定還能享受到房價上漲後的價差。但是在日本，相對於從一九六九年到目前爲止的投資金額八六二·一兆日圓，資產金額只有三四三·八兆日圓。因爲中古屋市場並不興盛，造成了五百兆日圓的差距。大多數日本人在購買房屋時並沒有打算要出售，貸款繳完後，資產價值就只剩下土地而已。

不繼承土地的理由

理論上，土地所有權人去世後，土地便由繼承者繼承。這麼一想，就很難辨別那個房屋是否為人所有。然而，很意外的，很多人都不知道繼承登記並非義務（截至撰寫本書時都是如此）。正確地說，不動產登記分為標題（即土地位置）和權利兩部分，前者表示現況，後者則是所有權的登記事項。關於權利部分，繼承者並沒有義務去做。

我繼承父親的土地時，曾經研究過這整個過程，但手續實在太過繁雜，而且也需要一筆費用。因此，有些人就會放棄繼承，感覺上放棄的案例非常多，事實也的確是如此。

如果是在經濟快速成長的時代下繼承土地，那還說得過去，但在人口減少，地價上漲無望的現代，選擇不擁有土地等資產或許比較有利。而且，當人口從地方鄉鎮移動到都市，不再回到故鄉的人越來越多，老家就更容易淪落至任其荒廢的命運。

如果是新耐震標準實施前所搭建的住宅，居住時還需要重新施工補強，這筆改建費用又要由誰來支付？如果無法支付，或是身為繼承人的兄弟妯娌間意見不同，便容易引發各種糾紛，屋宅因此被棄置不顧。

如果想拆除建築，讓土地變成空地，需要花費一百萬日圓，當然也不能隨意丟棄建築材料。所以，親戚中沒有人願意處理空屋，房子在無法再度利用的狀態下被置之不理，就逐漸形成問題。就算房屋變得老舊、危險性變高，也無法拆除。

如果由行政單位代為強制拆除，行政單位可以向房屋所有權人收取費用。但是，我們可以想像，如果費用無法回收，就有可能需要打官司。

讓空屋問題惡化的問題

另一個問題是，部分房屋仲介公司會建議土地所有權人搭建大樓，告訴他們這樣不僅可以減輕固定資產稅，還可以有房租收入，更保障房租收入可以達到一定的金額，連管理工作也可以全部交給房屋仲介公司。事實上，搭建地上物的固定資產稅確實比空地來得低，在經濟高度成長期，這原本是一個藉以增加住宅的制度。

但是，就實際的合約條件來說，只能保證幾年，或者會定期更改保證屋主可以收到的金額，而且，改建時只有指定業者可以使用。過了一陣子之後，沒有任何人要來租房子，地方鄉鎮上只剩下空蕩蕩的大樓。

如果子女不想繼承土地，是否可以把它捐出去？事實上這也非常困難。

土地是一種非常麻煩的東西，就算想賣掉，如果沒有找到買家，那也是徒然。或許有人認爲，只要完全放棄，把土地送給地方政府或國家就好了。但是，就算想贈送或捐贈給國家也不行。因爲如果沒有使用目的，國家就無法接受。根據財務省的正式回答，「提出捐贈申請時，根據《國有財產法》第十四條及該法施行令第九條的規定，如果各省各廳是爲了國家的行政目的而取得土地，必須在財務大臣認可其規畫後，再辦理接收手續。此外，若捐贈將來不會作爲行政用途的土地，因爲維護、管理成本（由國民負擔）有可能增加，故無法接受這項捐贈」。

國土交通省的努力投入

目前，國土交通省正在試行空屋銀行制度，亦即刊載全國物件供消費者查詢。但是，根據地方政府的問卷，回答「成交件數爲零」者高達二三．五%，加上成交僅一～四件的比例，超過全體的五〇%，使用狀態尚未達到徹底活用。

此外，二〇一六年國土交通省建議採用「DIY」計畫，亦即「DIY型租賃建議」。這個計畫是爲了促進個人住宅的租賃流通，租賃者可以按照自己的喜好來改建，就像住在自己家一樣。雖然必須簽約，但透過這個方法，可以活絡租賃市場。

同時，也需要擴充中古住宅的市場。比起購買中古屋，日本人比較傾向搭建全新住宅。在改變大衆想法的同時，也必須讓資訊庫更加充實。

二〇一五年開始實施《空屋對策特別處理法》。爲了確定所有權人，開放讓一般民衆查詢固定資產稅的納稅資訊，而法務局也簡化了登記手續。不過，因爲繼承登記並非義務，房屋納稅人的身分並未公開，公開的人也可能不是房屋所有權人。

包括地方政府都不知道空屋所有人是誰，在這種情況下，估計現在的空屋率已接近三〇%。

空屋造成的社會問題

空屋有什麼不好呢？如果空屋太多，地方政府的形象就會變差。此外，還有很多壞處。比方說，空屋庭院中的樹枝會長到隔壁家，因屋頂掉落或被風吹落而導致鄰居受傷，或是房屋倒塌等等，空屋偶爾也會發生竊盜行爲。

有時會有可疑人物住在空屋裡，或者出現縱火慣犯。也可能有害蟲或動物入侵，給周圍帶來負面影響和衛生安全的問題。

如果空屋和人口過度稀少的情況持續下去，就很難提供公共基礎建設，電力和自來水的提供也會造成問題。以民間企業來說，便利商店不得不關店，超市在收支上也無法平衡。

一如愛與恨、光與影為一體之兩面，過去曾被認為是個人資產中最有價值的不動產和房屋，變得沒有價值，也沒人想要繼承，這實在是非常諷刺。這個時候，如果外國人買下地方鄉鎮的土地，又要遭到批評。那麼，這些無法有效利用的土地該如何處理？

空屋與商機

以二手商品來說，日本人買賣經驗最豐富的就是書籍。那麼，我們又可以從二手書的商業模式得到什麼啓發呢？二手書的收購方式是直接把書塞進紙箱，然後運送即可。買家會檢查書籍是否貼上了標籤紙，或寫上了註記。雖然價格很低，但考慮到所花的功夫，仍十分划算。

因此，回收、改建住屋，就算價格非常便宜，將空屋轉化成現金的商業還是可行的。換句話說，就是賣家把自己繼承的住宅直接交給業者，由業者代為處理麻煩的手續。而且，從處理屋內垃圾到尋找買家，都可由同一個單位統一執行。當父母去世，自己要繼承住宅，直接進行一站式的處理，然後就等著對方匯錢的服務，其中或許也可能有回憶的問題。

因爲幾個空屋問題都起因於繁雜的手續，所以日本法務局已經簡化了登記手續。即使如此，對高齡者來說問題還是很大。這個時候，就需要發展可以讓手續變得更容易的代辦服務。

二〇三三年的時代變化

- 空屋率超過三〇%

必須思考的事

- 在空屋增加的狀況下，自家公司加入空屋市場的可能性

這種東西會暢銷

- 有效活用空屋的商業
- 代為處理空屋的服務

・繼承手續的一站式服務

賺錢方式

可以讓空屋昇華成社區嗎？

此外，當然也有將空屋當作民宿來經營的活用方式。因爲現在還有些許限制，難以全面展開。不過，因爲是空屋，若能邀請外國人來居住，應該可以促進地方活化。

事實上，目前已經有讓參與技能實習制度的外國人活用空屋的行動了。如此，不僅可以有效利用空屋，也能利用周圍的商業設施，還可以增加稅收。只不過，如果投入態度半調子，應該不會得到太好的結果，地方政府必須認眞思考「共同生活」的可能。

此外，也可以利用空屋來打造實驗性社區。比方說，針對當前的「孤獨死」問題，集結附近老人一起生活的高齡共享住宅，就是一個預防的方法。或者，將有某種強烈興趣的人聚集起來，幾乎免費讓他們居住在共享住宅。又或者，邀請外國企業來免費使用民宅。

空屋已是社會問題，但在人口減少的情況下，這是必然的趨勢。過去每個人都想要的資產，現在幾乎是可以隨意使用。事實上，因爲可以免費使用，所以已經有地方政府在募集願意住進這些空屋的人。在這個時代，隨著想法的不同，就會有不同的利用方式。

現代的ＩＴ技術十分進步，應該可以一邊過田園生活，一邊工作。不過，雖然可以從遠處透過視訊電話參加會議，但我認爲現在要移居到人口稀少的區域還是非常困難。對自由工作者來說，可以和人們展開密切的實際交流，還是比較容易取得工作。

以這層意義來說，就現況而言雖然困難重重，但應該會有地方政府強制拆除空屋，將居民從人口稀少的區域集中。因爲如果不這麼做，就無法提供行政服務。將空屋整理成麻雀雖小、五臟俱全的住宅，再請居民入住的這個做法或許會引起居民激烈反彈，但是，若這樣繼續下去，一定會陷入絕境。

空屋的大量出現對我們來說，是一個極大的課題。

二〇三四年

AI究竟減輕了，還是奪走了大部分的工作？

AI正式進軍人類的世界

P	Politics 政治	行政措施也傾向將AI與活化產業加以連結。
E	Economy 經濟	AI相關市場突破兩兆日圓。
S	Society 社會	可能會奪走大約一半的人類工作。
T	Technology 技術	AI的運用變得更加容易，只要將資料蒐集好，就可以即時AI化。

變化特徵

在二〇三四年之前，ＡＩ可能奪走大部分人類的工作。即使是過去未曾想像的領域，ＡＩ也能派上用場。若再加上科技奇點，ＡＩ可能擁有超越人類的能力。

因此，一如我再三重複的，對人類來說，最重要的是竭盡全力研究機器能力不及的領域，也就是連結ＡＩ與人類的工作，或是鼓舞人類的工作。

醫師、ＡＩ、觸摸

我認為醫師這個職業非常不可思議。雖然醫師會選擇外科或內科等不同科別，但並沒有針對不同科別所頒予的不同執照，只有同一種醫師執照。而且，醫師說到底也是針對患者的症狀，根據統計結果來處理。但是，一般而言，患者都認為醫生的處方絕對正確，或是應該說，必須是正確的。

因為有些微的安慰劑效果，即使兩個醫生診斷說出一樣的內容，有時醫生A的處置有效，但醫生B的處置卻無效。

為此，我曾詢問過認識的醫生。他告訴我，醫術當然非常重要，「但醫師和病人是否合得來也是關鍵之一」。有趣的是，他還說：「對老人家病患來說，願意觸摸他們身體的醫生比較受歡迎。」「觸摸？」「沒錯，觸摸病人身體的醫生。因爲有些病人是希望醫生觸摸他們才到醫院的。」這裡說的當然不是指性方面的需求，而是爲了讓病人感到安心的觸摸。

我把上述內容告訴一位得過敏性皮膚炎的朋友。他聽了之後說：「我懂我懂，當我讓醫師看我的手時，有些醫師光是用看的就開藥了，但有些醫師則是會認眞地觸摸、診斷，感覺比較值得信賴。」

原來如此，用觸摸來比喻實在非常有趣。有人說要用機器人來取代部分醫師，但是，不管是肉體上，還是精神上，被他人觸摸或許才是讓自己存活下去的動力。

AI會從人類手中奪走大約一半的工作

英國牛津大學副教授麥克．奧斯本尼（Michael A. Osborne）與卡爾．佛雷曾（Carl Benedikt Frey）於二〇一四年發表了一份很有趣的報告。報告中指出，十～二十年後，英國有三五％勞動人口的工作很可能由人工智慧或機器人來執行。而根據二〇一三年的著作，美國是四七％；依據二〇一五年的研究，日本則是四九％的工作被取代。

估算時間可能有一些誤差，大家不用太在意。但大致來說，最晚到二〇三四年，已開發國家裡面，約四、五成的工作都會由ＡＩ來進行。

ＡＩ相關市場在二〇三〇年將達到兩兆日圓，也有人說是九十兆日圓。我看了幾份調查報告，發現每份資料對ＡＩ的認定都截然不同，所以這些預估的數字意義不大。在此，我們只要知道這個市場正在成長就可以了。

經濟產業省也在二〇一七年的《新產業結構願景》中指出，ＡＩ領域發展遲緩會造成國家利益的損失，在共計三百七十九頁的報告書中，「ＡＩ」出現的次數多達兩百四十五次。

泛用ＡＩ與特定ＡＩ

以我個人來看，不管是ＡＩ，還是機器學習的相關言論，都過於極端。年長的經營者到現在都無法很熟練地使用智慧型手機，怎麼可能讓ＡＩ代爲執行所有的工作？當然，或許有人會被淘汰，但那些說法太像科幻小說的情節了。

雖然我在這個章節沒有嚴格區分ＡＩ的定義，但事實上，人工智慧中有機器學習，機器學習中則有深度學習，而最廣泛的概念就是人工智慧（AI = artificial intelligence）。若說ＡＩ

會掌控一切，誠然言過其實，但是，AI絕對會成爲一項強而有力的武器。

我在二〇一七年從頭開始學習使用於機器學習的Python程式語言。因爲我想驗證自己學到什麼程度，所以試寫了一個機器學習的原始碼。

首先，AI大致有兩種定義。

泛用AI

- 感覺就像原子小金剛或魔鬼終結者
- 也稱泛用人工智慧。可以發揮像人類一樣，或是超過人類的智能
- 有些學者認為，在現實中很難實現
- 一般來說，大家相信早晚會實現

特定AI

- 特定領域的機器學習技術
- 蒐集數據，按照邏輯、運算法來進行計算
- 需要由人類來操作或進行微調

・現在已經實現

世界上，大部分人印象中的ＡＩ都是「泛用ＡＩ」。也有人認爲ＡＩ是像哆啦A夢那樣的機器人，或認爲「ＡＩ無所不能」。但現在處於「特定ＡＩ」的階段，亦即蒐集大量過去的數據資料，再進行各式各樣的處理。ＡＩ並不能沒有憑據地預測未來，它們需要很多的資料，然後再一步一腳印地分析這些資料。

使用ＡＩ的經驗談

我曾經在自己的本業上嘗試做了這個實驗。

①首先是爲交易公司排名。過去，我們都從徵信公司取得各家企業的排行資料。簡單來說，就是根據財務報表、每個員工的工作效率、營收年增率等資料，進行一到十分的評分，評分方式不公開。我透過機器學習解讀過去的資料，讓它評斷一家企業的分數，結果和徵信公司所評出的分數是一樣的。

②跟交易對象購買商品。以金屬加工品爲樣本，提供體積、削減長度、表面處理等的資

機器學習的過程

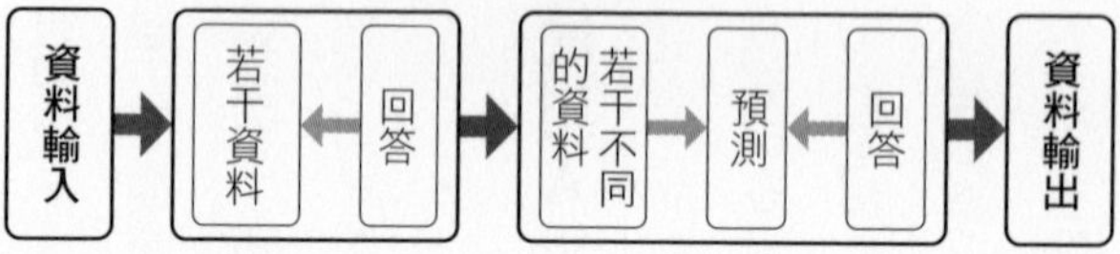

料與各自的價格，亦即商品的規格和市售價格。然後，再提供新採購商品訂單的規格，讓機器算出價格。結果，雖然並非完全正確，但機器預測了一個非常接近的價格。

透過機器學習，只要提供資料和數據，機器就可以找出規則。像這樣的財報該得幾分、這樣的規格該定價多少。然後，再透過其餘不同的資料，確認規則的正確與否。以前述的例子來說，符合規則給八分，再確認實際上是否爲八分，算式是否足夠實用來進行計算。資料越多，正確性就越高。同時，人類也會不斷進行試錯，討論是否有更好的演算法。若以專門術語來說，①是統計分類，②是回歸分析。

這種運用非常基礎，並非專業研究者所做的高深研究，專家看了應該只會一笑置之。不過，以實踐的意義來說，比起不知其運算機制，只會闡述ＡＩ威脅論的文科背景人士，應該還算稍微理解了機器學習的鳳毛麟角。

就像安德里亞斯．謬勒在《Python機器學習基礎教程》一書中所提到的，「機器學習中，最重要的是理解所處理的資料，而且還要理解想解決的問題和資料的關係。選擇適當的運算法後，再輸入資料這種做法派不上用場」。機器學習應該以資料和數據爲基礎，同時也需要具備對該領域的知識。

此外，如果可以正確處理資料並設定運算法，AI確實可以成爲武器。曾經被許多媒體報導的加州音樂大學音樂系教授大衛．柯普（David Cope）所開發的人工智慧作曲程式「Emmy」，就可以創作出古典樂曲。只要輸入古典樂曲，讓程式找出名曲的規則和作曲家的風格，便可開始作曲。

因爲機器可以分析人類花費大量時間也處理不完的資訊，所以可以在特定領域發揮優勢，進而取代人類。我們經常舉出「可能消失的職業」中，包括收銀員、廚師、櫃檯人員等，白領工作者則以會計師最可能被取代。

- AI**廚師**：透過料理資料，提出適合食材的料理方案。事實上，不只提案，還可以透過料理機器人提供眞實菜色。
- AI**造型師**：透過無數的照片，推薦適合當事人體型和膚色的服裝。
- AI**網頁**：針對每位造訪者設計字型、配色、設計、文案、尺寸等的組合，再配合造訪者的特質，調整出最適當的模樣。此外，電子郵件的寄送也可以針對每位收信人開信率最高的時段、使用介面、信件標題等加以變化。

- **ＡＩ店員**：在超級市場或便利商店，分析銷售狀況最佳的陳列方式，此外，若發現舉止可疑的客人也能進行監視。
- **ＡＩ助理**：一如內建ＡＩ系統的智慧音箱可以幫我們操作家電，ＡＩ可以幫我們製作書籍、安排約會、蒐集過去的資訊。事實上，它們還能提供蒐集財報和資料，製作各家公司資訊摘要的服務，而且功能不斷擴大。這麼一來，我們應該就不再需要僱用職員，把工作派給ＡＩ助理就好了。
- **ＡＩ娛樂**：以作曲爲例。和人類一模一樣的角色每天都會爲我們唱不同的歌曲，甚至還可以作詞。或許它們可以成爲YouTuber，不只是每天，甚至每個小時都更新內容。
- **ＡＩ顧問**：從企業資訊找出問題點，提出解決策略。
- **ＡＩ律師**：從過去大量判例中，找出事例，製作資料，進而討論出最佳戰術。

例子之多不勝枚舉。ＡＩ可以透過資料來進行統計分類、回歸分析，找出規則，進行各種不同的發展。

特定ＡＩ的未來

ＡＩ的概念開始發展之後，奇點的概念也開始流行。所謂奇點，是雷．庫茲威爾這個天才在《奇點臨近》一書中所提出的概念。ＡＩ超越人類的思考力，而且還會不斷進化，以未知的速度繼續發展。庫茲威爾揭開了與過去世界截然不同的風景，並創立了奇點大學。

每位評論者對「奇點」都有著不同的解釋，許多人說，二〇四五年電腦會擁有超越人類的能力（「能力的定義爲何？」），它們可以更新自己的程式（所謂的「程式」包含那些範圍？所謂的「更新」指的又是哪一種層次？）。也有人認爲，所謂奇點，指的是可以在市面上買到的電腦，具有相當於所有人類頭腦加總起來的計算能力。在Singularity被翻譯爲「科技奇點」的當下，我們不知道以後會發生什麼樣的具體社會變化。人類可以預測的東西應該就叫「奇點」。

同樣的，奇點大學預測的未來恐怖又有趣。比方說，他們預測製造業會全部改換成３Ｄ列印機，也會有ＡＤＡＭ技術（Atomic Diffusion Additive Manufacturing）出現。現在，雖然只能針對塑膠材質進行加工，但ＡＤＡＭ技術可以應用在各式各樣的材料上。說不定，工廠還可以設置在市中心的大樓。

在那之後，那些列印機可能會開始製作其他列印機，這些無限衍生的列印機說不定是嶄新的生命，而創造出豐富生命的母性應該會被稱為列印機性。

此外，指數型組織（Exponential Organization，ExO）的概念也非常有趣。也就是說，大家各自工作，但也進行有機的、流動的連結。人數雖少，但透過與外部的連結，可以創造出極大的價值。一如Google公司，從員工人數和資產負債表的數值來看，影響力和市值都很高，Uber也一樣。在傳統製造業時代，規模龐大，且需要支付固定費用的公司，較容易對社會帶來影響，這是不變的原則。但在AI時代，例行工作交給了機械，個人或小型組織的微型組織逐漸變得醒目。

在未來的時代，如果個人或小組織無法創造出價值，就會被機器打敗。不過。若能創造出價值，就可以和機器共存共榮。

二〇三四年的時代變化

• AI從人類手上搶走了大部分的工作

必須思考的事

- 自家公司可以展開的ＡＩ業務
- 無法以ＡＩ取代的服務

這種東西會暢銷

- 處理大量資料，利用ＡＩ的服務

賺錢方式

ＡＩ是個黑盒子

此外，讓我很感興趣的是，ＡＩ所導出的邏輯和結論幾乎無法理解。我總覺得很不可思議：「原來如此，或許這樣是對的。但爲什麼是那個答案呢？」

以下是開發象棋電腦程式Ponanza的山本一成在《人工智慧如何超越「名人」？》中的一段話。

在Ponanza中置入了很多黑魔術，其中的理由或原因就不知道了。所謂「不知道程式撰寫的理由或原因」，指的是並不知道放在程式中的數值爲什麼是那個數值比較好，或者，爲什麼那樣的組合有效。頂多就只知道以經驗或實驗來說是有效的。

請想像這樣的情況——假設你是公司中階主管。當下屬說：「AI這樣說。雖然不知道原因，但這樣似乎比較好。」而來尋求裁決時，就算不知道該怎麼回答下屬，你還是會覺得相信AI比較好。

我認爲，這個時候一定會出現的是，將人類不懂的AI和人類加以連結的角色。雅虎公司的安宅和人在很早之前就指出這一點了。

交給AI的工作多少都是黑箱化。如何看待未來的危機管理，是管理上的重要判斷。……今後，透過人類可以理解的語言，將AI和人類的世界加以連結的軟體技術，是一種很重要的管理能力。

（《哈佛商業評論二〇一五年十一月號（日文版）》）

「在機器代替人類執行大量工作的此刻，人類要如何生存？」這是一個很抽象的問題。我在本章節一開始提到了「觸摸」這個關鍵字，觸摸應該是一種鼓舞、震撼、讓他人驚訝、讓他人感動、讓他人雀躍……比方說，機器或許可以走過連結兩棟大樓最高一層樓的繩索，但若走過去的是人類，就會讓人感動。

在這個時候，進步的ＡＩ一定會說出這樣的話：

「說到人類的鼓舞，若能分析過去的模式，應該可以做得更好。」

二〇三五年

航空事業不斷發展，需要約一五〇萬名飛行員和技術人員

在航空需求急速增加的時刻，日本能夠「趁勢而起」嗎？

P	Politics 政治	促進航空的自由化，官方和民間聯手確保飛行員和技術人員的數量。
E	Economy 經濟	今後航空事業將持續成長，在二十年內可能會加倍成長。
S	Society 社會	因全球化趨勢，移動次數增加。
T	Technology 技術	身為服務提供業者的廉價航空公司數量增加。機型以小型機為主，除了波音與空中巴士，許多新公司也紛紛加入。

變化特徵

隨著人們前往世界各地的次數變得越來越頻繁，航空產業也順勢成長。然而，面對這樣的需求，飛行員和技術人員不足的問題也變得更加嚴重。日本的航空產業發展曾在二次大戰後中斷，比已開發國家落後一步。這樣的情況下，日本還可以向全世界提供航空服務，透過機體製造創造新的商機嗎？

關於人類在天空飛翔

人類開始在天空飛翔，始於德國齊柏林伯爵的齊柏林伯爵號航空母艦，而搖滾樂團「齊柏林飛船」的團名也來自於此。這艘航空母艦於一九〇〇年第一次飛行。齊柏林伯爵賭上龐大的私人財產，想實現天空飛翔的夢想。他預測飛行機具將從航空母艦轉移到飛機，並且著手進行開發。當時的航空技術，也成了德國飛行技術人才輩出的基礎。

不過，若論飛機的成功飛行經驗，則以萊特兄弟一九〇三年在北卡羅來納州進行的飛行實驗最為著名。為了避免技術被竊，他們在距離自家八百公里遠的地方實驗。萊特兄弟認為機體本來就不是絕對安全，所以除了強化機體，他們也藉由提升飛行員的駕駛能力，實現了飛行的夢想。

在那之後，航空事業被視爲軍事技術，備受各界矚目。不僅可以從天空監視其他國家，也可以進行爆炸攻擊。二次大戰之後，載運乘客的航空事業開花結果。美國出現了新興航空企業，歐洲也誕生了北歐航空等多家航空公司。

在日本，日本航空輸送研究所在一九二二年展開航運。二次大戰後，因爲駐日盟軍總司令的非軍事化政策，日本製造的飛機無法飛行。導演宮崎駿的名作《風起》中所描述的「崛越二郎設計了三菱零式艦上戰鬥機」，雖然非常知名，但他在二次大戰後也轉而從事製作兩輪拖車與冷凍庫。日本人打造的航空事業完全潰敗，有很長一段時間，只能蟄伏不動。

後來，終於在一九五二年制定了《航空法》，再度發展航空事業。在那之後成立的航空公司雖然被戲稱爲半公營，但這也是理所當然，畢竟在力量削弱後，單單一家民間公司實在無法與其他國家的勢力抗衡，因此必須以國營事業的身分來加以對抗。

一九五二年ANA成立，主要經營日本直升機運輸，並在一九五七年成爲全日空公司。日本航空（JAL）誕生於一九五一年，比ANA早了一年，過程中經歷了半國營的型態，於一九八七年完全民營化。雖然公司於二〇一〇年宣告破產，但誠如衆人所知，在稻盛和夫先生等人加入經營團隊後，又再度復活。

航空需求的快速增加與供給停滯

波音公司預測，二〇三五年以前需要一百五十萬名飛行員和技術人員。此外，波音公司也表示，二〇一六年有二五萬七二二架大型噴射客機，這二十年來幾乎呈現加倍成長，估計往後也會繼續增加。二〇一六年的飛行時間急速增加，飛行次數也加倍成長到二九一〇萬次。

空中巴士公司則預測，在二〇三五年前需要三萬三〇七〇架飛機。雖然這個數字和波音公司預測的三萬九六〇〇架有些許差異，但需求增加是必然的趨勢。

根據二〇一八～二〇三七民間客機相關市場預估（一般財團法人日本飛機開發協會），二〇一七～二〇三七這二十年間，需求將從二〇一七年的七兆七三七一億延人公里（Passenger Kilometer，某特定時間內，所運送旅客運程之總和），成長二・四倍，達到二〇三七年的十八兆五八七五億延人公里。

開放天空

航空的自由化從美國開始。在美國，從一九七八年同意州外航運的法律開始，航空的自由化便持續發展。卡特總統執政時，同意從美國的都市進行國際航運，希望藉此提高美國航空產業的競爭力。

這種自由化的活動稱爲開放天空（Open Sky），主要目的是強化航空事業，擴大營運規模，歐盟和全球其他國家也贊同這個趨勢。日本雖然長年以來均採取保守政策，但就在舉辦東京奧運的二〇二〇年前，政策變得更有彈性，許多國家的廉價航空公司都開始航行到日本。

因爲人們在亞洲間的移動變得頻繁，所以廉價航空公司的誕生也是必然的趨勢。亞洲的機位占比不斷成長，透過網路或智慧型手機的應用程式預訂機位也變得更加容易。亞洲的廉價航空成爲蓬勃發展的處女地。

根據國際航空運輸協會（IATA）在二〇一七年所發表的「旅客人數X區間距離」的世界排名，第一名是美國航空，第二名是達美航空，第三名是美國聯合航空，第四名是阿聯酋航空，第五名是中國南方航空。日本航空和全日空的表現遠不如頂尖集團，規模只有第一名美國航空的五分之一到六分之一。

一如前述，很多人認爲，二次大戰後航空產業發展中斷，是日本航空業現在依然無法飛行到世界各國的原因。此外，也有人指出，一九八五年日本航空的飛機（波音七四七型客機）在御巢鷹山墜落的悲慘事故，也阻礙了日本航空產的發展。

日本航空業無法擺脫針對日本內需的服務型態，又無法發展到國外。當然，這可能有其歷史性的原因，但除此之外，價格的設定也是問題。

或許這樣說有點失禮，在日本，沒有錢的年輕人想長距離移動時，會選擇什麼方式呢？應該是夜間巴士或青春十八車票（日本JR公司發行的平價火車套票）等鐵道，而非廉價航空。雖然東京和大阪之間的交通方式有許多選擇，如果金額相差不大，考慮到前往機場的交通時間和前後的等待時間，大家應該會覺得搭乘新幹線前往是比較好的選擇。此外，日本的機場稅很高，也是無法讓票價變得便宜的原因。

但是，為了應付快速增加的旅客需求，還是必須思考如何讓航空運輸變得更加完備。而這也意味著必須增加飛行員人數，並且著手開發和生產機體。

增加飛行員的政策、開發機體

當飛行員的方法包括在航空大學接受訓練、進入民間培訓機構（私立大學等）、大型航空公司自行培訓、離開國防部之後再度就職。但是，若是透過民間培訓，航空學校或私立大學都需要一千萬日圓以上的費用，獎學金也沒有快速增加的趨勢。國土交通省稱爲「人才供應」的飛行員培育，並非一朝一夕就能達成。

航空大學雖然是獨立的行政法人，但想參加考試必須在四年制大學就讀兩年以上。而且，即使順利入學，也不保證未來一定有飛行員的工作。

在私立大學中，有日本東海大學、法政大學等幾家大學設置了培訓課程。

就算當上飛行員並開始工作，每天的健康管理也非常重要。飛行員需要具備的不只是駕駛技術證明，還包括航空體檢證明，必須定期做嚴格的全身健康檢查，並不斷更新。此外，也需要針對不同機型，考駕駛執照。當然，站在航空安全的角度，我認爲這些制度有其必要。

不過，不管是哪個業界，人手不足的問題都非常嚴重，航空業也不例外。將來，世界會變得更小，因應旅行或商務需求的移動也會增加，必須趕緊想出對策。

目前日本已將聘用外國駕駛列入討論，居留資格條件中的飛行時間從一千小時以上調整爲二五〇小時，也免除了部分考試，但目前世界各國都陷入飛行員不足的狀態，要解決問題並非那麼容易。現在已經放寬了飛行員的最高年齡限制，視力部分也解除了裸視的限制。

在日本，廉價航空從一九九〇年代開始出現，而後這些公司被稱爲低成本航空公司

（LCC）。訪日外國人的快速增加讓飛行員不足的問題變得更加嚴重。雖然沒有徹底解決的方法，但無論如何，都必須先增加飛行員人數。

此外，已經落後其他各國的機體開發也開始進行。其中以三菱重工所主導、開發出的國產機（MRJ）最爲有名。此項開發是由三菱和日本航空合作，在愛知縣試驗，而且已經成功收到來自國外的訂單。雖然在開發過程中，也碰到了開發進度延宕等各式各樣的問題，但各別事例並非本章節想要論述的主旨。現在從日本出發，或抵達日本的國際線飛機幾乎都是波音和空中巴士的飛機。一如製造業的大量生產時代已經結束，以交通來說，在短距離且少人數的移動需求增加時，我們需要波音和空中巴士以外的選擇，本田技研工業等來自其他領域的公司便投入了開發噴射客機的行列。

雖然各家公司在開發的過程中都幾經曲折，但針對持續擴大的航空需要予以因應，應該是一個正確的發展方向。

提升噴射客機的速度……

世界第一架噴射客機於一九四九年開始飛行。一九五三年從倫敦飛到羽田，但因轉機次數較多，加上停留加油所需時間，耗時超過三十五個小時，當然也無法橫渡大西洋。若從這個角度來看，現在的飛行時間當然已經縮短了，但因爲有加油的問題，超音速客機尙未普及。

協和式客機（世界上第一種商用超音速客機）的飛行高度比一般客機還要高，所以可以降低空氣阻力、提升速度。但因機體和油費反映到成本，所以票價也變高了。而且，如果是近距離的移動，因爲飛機上升需要時間，飛行速度沒辦法太快。所以，協和式客機生產了二十架之後便停產了。

一如日本航空的說明，「飛機並非以最快速度飛行，因爲如果飛機以最快速度持續飛行，會讓機上乘客感受到巨大的震動和搖晃，無法提供『舒適的旅程』。此外，這樣的飛行方式也會讓引擎或機體壽命縮短，並造成燃料費過高，增加營運成本，可能會對客人造成困擾」。

雖然，還有破壞臭氧層等的疑慮，開發工作並不容易，但爲了對抗全世界，日本最好可以發展出高速噴射客機。

二〇三五年的時代變化

- 航空需求快速增加。全球的飛行距離不斷成長，機體的需求量也跟著增加
- 全球飛行員與技術人員不足的情況日益嚴重

必須思考的事

- 加入全球大移動時代
- 加入航空支援服務

這種東西會暢銷

- 移動商業
- 飛行員與技術人員的培育支援服務

賺錢方式

里程卡的使用方式

說到航空產業，大家應該會想到里程卡。一九八一年美國航空「發明」了此項貴賓政策，是可以確保收益的妙招。航空事業本來就有高額的固定開支，不管有沒有客人，飛機都必須飛行，也需要客艙服務人員。就算讓優良客人免費搭乘，也不至於太過心疼。很快的，不只是飛行，平常購物也可以累積里程數，打造出被稱為第二貨幣的經濟圈。

以前就有所謂的「聯卡特價優惠」（CLO）。當顧客用這種可以累積里程的信用卡購物時，廠商可以分析顧客的特性，並發行折價券。從廠商的角度來看，為已經掌握其喜好的顧客發行折價券，確實比胡亂發行來得好。其中，還有雖然堪稱自動化，卻讓人感到不舒服的優惠訊息，也就是說，如果信用卡的消費明細中有飯店的投宿紀錄，下面通常會出現「我們的旅館便宜又舒服喔」等廣告詞。

客人並不是想要搭飛機，當然，或許有些客人是真的單純想搭飛機，而有些客人是想要購買移動的方式。這樣的話，就可以提出包含飛機移動在內的套裝行程，讓客人在購買機票時，連同飯店也一起預約。現在，這樣的功能都由網路旅行社一手包辦。但是，從個人的飛行資料到喜好，航空公司所擁有的資料比較多。

從出門時呼叫計程車、移動中的飲食和行程安排，加上旅遊指南，當然有些部分礙於規定，現在難以執行，但即使如此，如果可以將同一里程聯盟的資訊加以合併，應該可以展開全球性的服務。從某個地方飛到另一個地方的行爲，是旅行也是商機，因爲其中還包含了飛行之後的目的。

此外，飛行的狀況可說是將客人「軟禁」。我以前就發現，在一定的時間內將富裕階級加以拘留這件事的力量（當然，有些人是搭乘私人客機）。就算有錢搭乘頭等艙，也無法將五小時的飛行時間縮短成一小時，不論貧富，都必須待在飛機裡。在這種「迫不得已」的情況下，客人通常會看平常不看的電影或電視節目。平日因爲太過忙碌而無法看書的企業執行長，在飛機內應該也無法聽取投資案的簡報吧。事實上，很多經營者一天二十四小時都在想著開展新事業，如果有可以用來尋求頭等艙乘客出資的簡單商業投資提案廣告欄或廣告時段，應該會很暢銷吧（連我都想買）。我認爲除了機艙內的無線網路服務，應該善加發揮「軟禁各種客層」的優勢。

二〇三六年

臨終商機最盛期

商業活動目標已經從生存轉移到死亡

P	Politics 政治	政府也展開「人生百歲時代的策略會議」，行政單位更加關心長壽與臨終。
E	Economy 經濟	葬儀相關的市場規模超過一兆日圓，整體臨終活動商業規模更形擴大。
S	Society 社會	三分之一的人口都步入老年，一年死亡人數也突破一六〇萬人。
T	Technology 技術	去世之後，網路社群平台的帳號會被當作現代墳墓來使用。

變化特徵

二〇三六年，日本的老年人口將高達三分之一，死亡人數也會創新高。臨終活動商業將比過去更加活絡，葬儀相關事業也會隨之興盛。

除了代為處理臨終住處與去世後諸多麻煩事的事業之外，也非常流行直接撒骨灰。範圍將延伸到未亡寵物（而非未亡人）的處理等多元面向。

現代的墳墓——網路社群媒體

請容我講一件自己的事。我還是大學生時，曾訂閱某位作者的電子報（亦即現行付費電子雜誌的前身）。我記得那位以理性思想而聞名的作者，曾經針對墳墓的存在寫過一篇文章。

就理性主義者看來，墳墓只是死者睡覺的地方，沒有意義。這位作者表示，墳墓超越了理性主義想法基礎，對生存於未來的人們來說，應該去了解人類繼承的歷史，這是非常重要的。這個說法讓我印象非常深刻，當時我心想，原來這就是理性主義。

現在，掃墓的機會少了很多，不過，感受到「自己這個存在只不過是延續生命」還是非常重要，因為有這樣的想法才會讓我們善待他人。而且現在墳墓的形式也有了轉變。

「出門不帶智慧型手機」已經成了現代定義中的出家。當有人去世時，從智慧型手機看到的網路社群媒體帳號，就扮演著墳墓的功能。知道我突然死去的朋友在我的祭日那天，也可以在我的社群網頁留言表示哀悼。

如果某個人會定期自動在網路社交平台上傳貼文，在他死去之後，這個人在平台上的帳號，應該也會很超現實的不斷上傳貼文。在所有的一切都會被記錄下來的時代，也需要思考死後的安排。

生存與死亡

人類如何生，又要如何死？現在已是人生百歲的時代，二〇一七年日本政府展開了「人生百歲時代的對策會議」。平均壽命從一九四七年開始不斷延長，日本人的「健康壽命」（日常生活仍維持沒有任何障礙的狀態）同樣很長。

但是，當面臨人生的最後階段時又會如何呢？最近，興起了將「生活品質」（QOL）修正為「死亡品質」（QOD）的討論。這個概念強調的是，不要無意義的進行延命治療，而是要讓病人脫離孤獨和不安，慢慢步向死亡。

我雖然不是非常相信這一類的研究，但根據各個團體所進行的調查，日本的「死亡品質」排名非常低。我想這或許是因爲家人離開，孤零零待在養老院或照護機構這樣的形象非常強烈的緣故。即使不看調查，我們也可以感受到每個人心裡都有說不出的不安。不只如何生活，還必須思考如何死去。因此，出現了臨終活動這個概念。

和就業活動一樣，「臨終活動」就是思考自己的臨終生活，這個字也是二〇一二年流行語大賞的選項之一。臨終活動包含了準備遺書、事前和禮儀公司討論、自己死後安排家人的生活等等。現在，我們經常可以在書店看到臨終筆記之類的商品。

就業活動是決定將來，而臨終活動則是決定死後。

終身未婚者、一人獨居、死亡人數

最近，終身未婚者的人數不斷增加。大家或許會擔心，怕自己發生事情時，不知道該怎麼辦。包含喪偶的案例在內，一人獨居的高齡者比例也增加了。

終身未婚率的人數比例變化

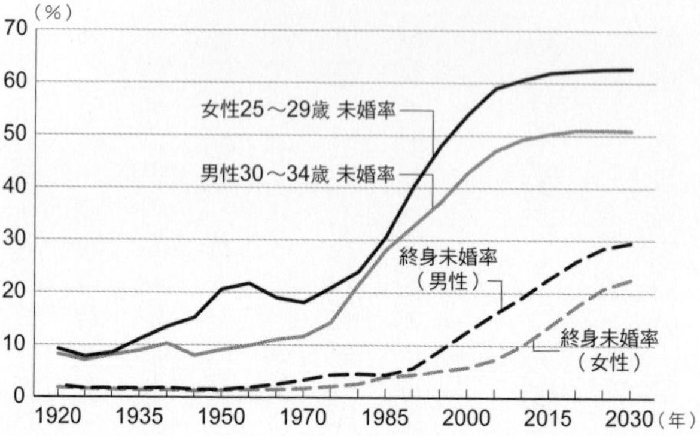

獨居高齡者的人數變化

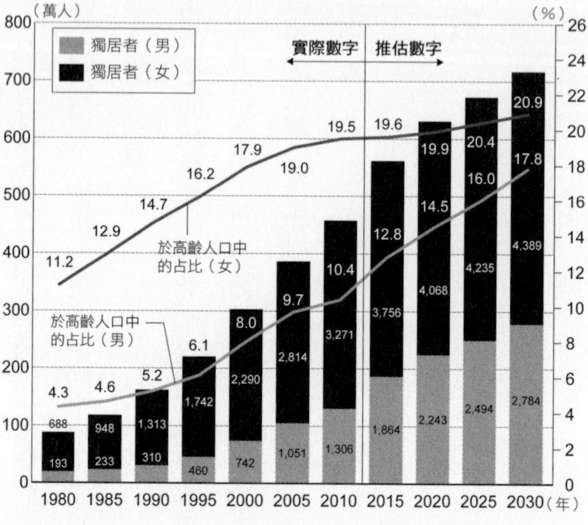

各年齡層的死亡人數變化

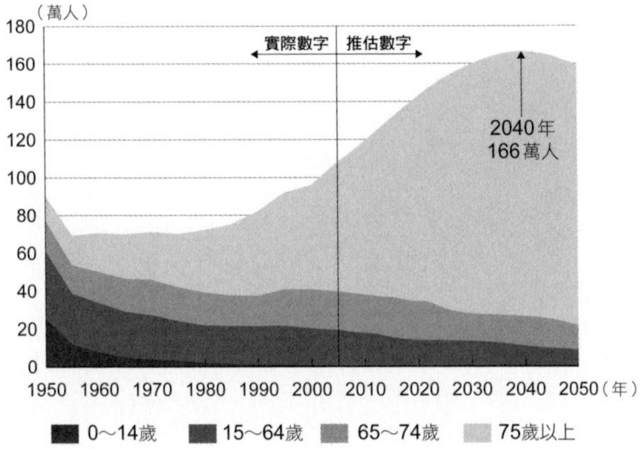

國立社會保障・人口問題研究所表示，到了二〇三六年，老年（六五歲以上）人口將多達三三・一％，換句話說，每三人中就有一個是老年人。

同樣的，從二〇三六到二〇四〇年，日本的死亡人數將會超過一六〇萬人，到達最高峰。

從現在開始，臨終活動商業應該會不斷發展。事實上，根據估計，目前葬儀事業的市場規模爲一兆三七三九億日圓（二〇一五年經濟產業省〈特定服務產業實態調查〉），另有一說爲一兆七五九三億日圓（二〇一五年矢野經濟研究所）。即使是以死亡人數的比例來看，也呈現出大幅「成長」。

或許這樣定義有些失禮，但如果將臨終活動分爲死前和死後，應該會呈現如下的狀況。

死前臨終活動：「尋找臨終住處」

許多住宅雖然隔熱性能佳，卻又冷又舊，我的老家也是如此。因爲溫度會急速下降或上升，待在超過四十年前搭建的住宅裡，有中暑的危險。冬天時，從熱呼呼的客廳來到寒冷的浴室、脫光衣物，然後又泡入溫度過高的熱水裡。這樣的過程對老年人的身體來說，負擔太大，很容易造成死亡。

所以，除了減築之外，還必須從「進行簡單改建，以預防猝死」的觀點來宣導。這個部分，應該可以從行政單位領到補助金。

此外，如果雙親分居，他們的安全更令晚輩擔心。現在用「守護服務」來搜尋，應該可以找到幾家公司。顧名思義，這個服務就是定期造訪高齡者的家，確認他們的安全。此外，便利商店也開始提供家務協力服務，配送商品的同時，會詢問下一次想訂購什麼商品，有時也可以陪老人家聊天。

對七十五至八十五歲之間的高齡者來說，要搬去和距離自己很遠的孩子同住或許有些困難。因爲不習慣當地生活，也無法交朋友，再加上平常孩子也在工作，無法陪伴自己，很容易就變得足不出戶。

這個時候，選項之一就是針對高齡者的租賃住宅。除了設計成無障礙空間，在緊急狀況發生時，也可以及時處理。過去日本很少有針對家庭的租賃物件，多半鼓勵自己購屋，因此必須賣掉現有的房子來入住。問題是，針對依賴年金生活的高齡者所推出的租賃住宅並不多。

關於前述針對高齡者的租賃住宅，舉例來說，都市再生機構雖然提供了租賃住宅，但上網查詢後發現，租金並不是太便宜。當每個月能拿到的年金等收入低於對方所提出的標準時，如果有一定的存款還可以申請。不過，根據網站內容，「必須具備的標準儲蓄額，是入住者實際支付金額的一百倍」，難度並不低。反過來說，需求越來越高的高齡者租賃住宅，還有經營的空間，不過，投入市場時，還是要考慮入住者的保證金等等。

現在還有一種很有名的「以房養老」（Reverse mortgage，又稱不動產逆向抵押貸款）。這是在活著時以自家住宅作爲擔保，向金融機構申請融資的機制。去世之後，將不動產賣掉，然後就一了百了。如果子女無意繼承，也可以採取這種做法。

或是在人生最後階段不與配偶同住

另外，還有一種聽起來有點聳動的方法——「死後離婚」。當夫妻其中一方去世時，說不定死去配偶的雙親還在世。如果還在世的人是妻子，有可能會被丈夫的父母虐待，或者必須照顧丈夫的雙親，這個時候就可以提出申請，結束婚姻關係。因爲配偶已經去世，所以不會有人反對，配偶的親戚也不能反對。

此外，若是生前離婚，考慮到財產分配或年金，未必對妻子有利，所以有人選擇以「卒婚」（小孩獨立後，熟年夫妻重新整理雙方的關係，在沒有離婚的狀況下，各自去追求人生目標）代替離婚。養育子女的工作告一段落，同時已辭掉工作的夫婦，也可以選擇分開生活。不過，單純的分居不是唯一的選項，也有「共屋」這種同住一個屋簷下，基本上各自生活，但共同享有部分生活空間的方式，或是入住這種形式的屋宅。

人生最後一段時間該如何生活呢？這個時候有各種不同的需求，因此也需要有滿足這些需求的服務。

死後臨終活動：「爲死後的麻煩做準備」

如果你在經營公司，可以由公司領取保險金，把它當作死亡退職金來處理，稅金會比較低。如果有人可以提供讓大家一次了解這類技巧的服務，一定會十分受歡迎，包括如何處理公司、存款、股票、債權、虛擬貨幣與國債，在稅金繳納和繼承上會比較有利，在處理上又需要準備什麼？

如果像以前那樣只有銀行戶頭，那還比較容易。現在，大家的金錢都非常分散，因此，日本每年無法和帳戶擁有者取得聯絡的金額高達八百億日圓。可能有很多是擁有者已經死亡，但遺囑並不知道還有這些錢。即使好不容易找到帳號，也需要所有繼承者的戶籍謄本和印鑑證明。

關於負債，有時可能突然有人在喪禮上被告知，死者曾經跟某人借過錢，或是擔任連帶保證人，甚至有些情況是連本人自己都忘記了，眞的非常麻煩。

也有人認爲，因爲幾乎沒有財產，所以自己的家人應該不會陷入遺產爭奪戰。但是，我們可以試著從訴訟的角度來觀察。在法院的網站上，刊載了遺產分割事件之認容・調停成立件數。

根據網站上的資料，我們知道不同遺產金額所占的比例。會成案的並不是那些高達幾億日圓的財產，總計八六六四件中，有二七六四件的金額在一千萬日圓以下，三二％的案件在一千萬日圓以下。

爲了減輕這一類的死後問題，很重要的一點是要留下相關紀錄：

- 各種電子設備的密碼
- 年金手冊、印鑑、護照等的存放場所
- 投保紀錄
- 存款帳戶清單
- 土地、有價證券、其他金融資產清單
- 借款、保證人、連帶保證人等清單
- 保險箱、倉庫等租賃清單
- 信用卡的種類與密碼
- 想採取的遺產處理方式（如果希望鑑定遺產，要連業者也一起提供）
- 葬儀相關之聯絡名冊
- 家譜
- 是否有非婚生子女
- 昏迷時是否要進行醫療與延命治療

所以，首先要把與自己有關的一切都寫在臨終筆記上，而這個時候就需要臨終規畫師針對當下必須完成的事及對策提供建言，事實上也眞的有人在從事這種工作。

縱然有自己希望的死法，也未必能如願，但還是必須把自己的意願留存下來。所謂延命治療，指的是雖然知道無法痊癒，依然只以延長「生命」爲目標來進行治療。當事人會希望這麼做嗎？至少家人應該尊重躺在眼前、失去意識的當事者心意。

當配偶是寵物時

飼主死後，寵物該怎麼辦呢？隨著高齡化現象日趨嚴重，相較於非常需要人類照顧的小狗，大部分人都喜歡不太需要照顧的貓。但是，就算貓已經成了家人，如果哪天飼主不在了，牠們就無法生存。飼主的親人或許知道寵物的名字，卻不見得知道寵物喜歡哪一種飼料，一天又要餵食幾次。事實上，很多時候都會直接讓寵物安樂死，所以需要有人提供針對飼主死後，爲原有飼主和領養者進行媒合的服務。

如果有所掛念，爲了不讓寵物在自己死後遇到不幸，可以爲寵物存下「遺產」，讓照顧者可以在飼主死後繼續代爲飼養。因爲寵物無法說話，如果這筆資金沒有被正當使用，也無法提出告訴，所以必須監視照顧者的舉動。

臨終活動評鑑

不只是臨終活動，也可以用在個人的社會評鑑。所謂評鑑，就是打分數，是一種由他人針對當事者平常抱持的生活態度來進行評量的機制。

說個題外話，中國急速進行去現金化與電子貨幣化。藉此，就可以從過去的支付狀況算出個人的信用分數。如果在某家店鋪做了壞事，那個人就無法在其他商店購物。最後，不管是店家或當事人都可以修正行為。

比方說，過去從來沒有遲繳過房租的人，就可以得到高分，即使上了年紀也可以優先找到租賃物件。此外，若素行優良，也可以和他人一起入住共屋。寵物也一樣，如果過去一直接受分數很高、滿懷愛心的人照顧，或許就會有人來認領。

社會評鑑也意謂人無法逃離過去，這樣的機制對大多數的善良國民並不會造成問題，說不定還有益處。

二〇三六年的時代變化

・老年人口達三分之一，且死亡人數達到巔峰

必須思考的事

・投入臨終活動商業的空間

這種東西會暢銷

・提供人生最終居所的服務
・回顧過往人生後，針對今後生活提供建議的服務
・寵物飼主的媒合服務

賺錢方式

多樣化的死，多樣化的葬儀

在文章開頭，我寫到了網路社交平台已經成爲現代的墳墓。對現代人來說，在鄉下的墳

墓和位於雲端的墳墓，何者才能回憶故人呢？

當然，這只是個玩笑，但事實上，有些家人的確因爲無法管理墳墓，而將其關閉。因此，把骨灰撒在大海、進行海葬的人逐漸增加。撒骨灰時，如果隨意進行，有可能會造成與海域管理者之間的問題，需要愼重處理，並且講求倫理。然而即使如此，認爲回到大海好過進入墳墓、希望可以把骨灰撒在大海的人還是不斷增加。事實上，代爲進行海葬的業者正快速增加，我母親也希望我把她的骨灰撒在海上。

不只是撒骨灰，守靈和告別式也一樣。根據我的預測，期待接受不受傳統觀念束縛之「送行方式」的人，將會越來越多，而新的服務應該也將應運而生。比方說，爲什麼棺材一定要設計成既定的樣子，應該也可以輕鬆一點且帶有藝術美感。或者，如果請人在臉書直播喪禮的過程應該也不錯。此外，唸經時，比起不知意義爲何的聆聽，一一打出字幕，再加上白話說明，應該更有意義。不，說不定有可以幫忙唸經的機器人。以密教來說，會吟唱咒音，講求身體的修行。但是，現在有多少人知道其中意義呢？

或許這些已經超越了宗教常識的範圍。但是，從主流教派來看，日本的佛教本身已經被批評爲太過世俗。高齡化社會的日本，死亡人數最多的日本，往後應該會創造出嶄新的死法吧。

二〇三七年

豐田汽車一百週年

再次討論未來的公司型態與評鑑標準

P	Politics 政治	不管股票是否上市，都要強化公司治理，也必須加強獲利體質、透明性、永續性。
E	Economy 經濟	象徵日本的各家汽車公司皆步入高齡。
S	Society 社會	人口減少至一億一千萬人。是重新檢視公司商業模式與設定目標之基準的時機。
T	Technology 技術	資金籌措與材料採購呈現多樣化，價值觀也變得重要。

變化特徵

豐田汽車將迎接一百週年。日本有很多長壽企業，這暗示了現代企業活動不只以追求利潤爲目標。

不單只爲追求利潤的公司標準爲何?思考未來一百年的時候，也正是思考全新企業活動評量標準的一年。

豐田汽車一百週年與企業的壽命

二〇三七年是豐田汽車成立豐田汽車工業股份有限公司後的第一百年，二〇三八年將迎接公司成立的一百週年。這對日本之光，同時也是最能象徵日本的豐田公司來說，是非常具有象徵意義的一年。一九三七年，中日戰爭爆發，兩年後便發生二次世界大戰。

豐田汽車是從豐田自動織布機製造所獨立出來的，當時稱爲豐田汽車工業股份有限公司，並於一九三七年八月二十七日舉辦了成立大會。豐田自動織布機製造所原本便設有自動車製造部門，當時發表了ＧＩ型卡車與ＡＡ型小客車，這是根據在日本相當普及的雪佛蘭和福特汽車共同的架構所設計的。

大發工業的前身——發動機製造股份有限公司於一九〇七年成立，日產汽車於一九三四年成立，過了幾年，本田技研工業股份有限公司於二次大戰後的一九四八年成立。不光是沖壓機、塑膠、鑄造／鍛造，汽車產業還必須融合半導體和軟體等各產業的先進技術，才能不斷進化。長期以來，日本企業都以向集團下單，或是與熟識的企業建立良好關係做爲成長的原動力。透過幾個先進的研究，日本企業有著比歐美國家更高的採購與對外下訂的比例。換句話說，他們高度依賴其他公司，而非什麼都靠自家公司來生產。其中或許有文化層面的因素，但最主要的原因是，在高度成長期，他們沒有時間提高自家公司的生產量。

很自然的，這條供應鏈將全日本其他大中小企業網狀連接起來，集團的機制也因而得到強化。與製造有關的企業，不管是直接還是間接，都和汽車產業有關，因此創造了許多就業機會。而且，縱然有美日貿易摩擦等波折，汽車產業依然成爲日本的代表。

一如前文所述，因爲汽車產業不斷展開激烈競爭，現存的公司不管哪家都無法偏安。豐田或其他汽車公司同樣都是日本的象徵。

日本有很多長壽企業，我們應該可以從這些長壽企業來思考未來的商業。

長壽企業大國——日本

在日本，有多少企業可以持續經營超過一百年（即一世紀）？根據日本帝國徵信的統計，約有超過兩萬家企業。之所以沒有精確的說出數量，是因爲帝國徵信的資料並未囊括所有壽命超過一百年的公司。根據某幾位研究者的說法，持續經營超過一百年的企業有五萬兩千家（橫澤利昌《老店企業的研究》、後藤俊夫《家庭事業 未知的實力與可能性》（ファミリービジネス　知られざる実力と可能性））。

但是，若引用可以完全掌握趨勢的帝國徵信的調查，可以發現許多老店企業都是清酒製造、租賃公司、小型酒商、和服／布料業、旅館／飯店。這些公司販賣的是傳統，而且商品本身也難以創新。

我認爲導致這種現象的主因是，這些都是很難進行品牌轉換的領域。相對來說，如果是智慧型手機，大家並不會在意是否爲新興企業的產品，網路服務或零售店也一樣。

此外，也可能是因爲某些業界的進入門檻很高。如果是ＩＴ產業，只要幾台電腦就可以創業。但是，在需要龐大固定費用的領域，比方說啤酒產業，雖然有精釀啤酒這種小規模的經營者，但基本上是很難踏入的。

根據帝國徵信在二〇一六年五月所做的調查，若將在一九一六年前創立的企業（亦即百年企業）的數量，除以資料庫的登錄企業數，可以得到日本不同都道府縣的百年企業數量。根據這份資料，相對於東京占了一．四二％、大阪占了一．六四％，京都有四．七五％，山形縣有四．八七％，傳統、保守的行政區所占的比例壓倒性的高過其他區。

過去汽車產業雖然也是如此，然而，因為從汽油車轉換為電動車，零件數大量減少，馬達公司和新興企業很容易就能加入汽車市場，所以消費者有可能改買其他品牌。也因此，在傳統的世界也形成了競爭環境。

百年企業的條件

我曾試著從各個先行研究中，歸納出企業可以持續經營超過一百年的祕訣，結果似乎只能得到平淡無奇的結論。

- 有清楚的理念，並將這個理念傳遞給下一個世代
- 為顧客考慮，重視進貨來源和員工

・毫不懈怠地持續打造出良好的商品

有人說，經營不是一個求勝的比賽，而是要讓自己不輸給其他人的比賽。原來如此，以這層意義來說，穩健經營絕對是一項武器。

日本從以前開始就鼓勵「三贏」，這種買賣不管是買方或賣方都能獲得利潤、對社會大衆也有好處。

在日本被稱爲近代資本主義之父的澀澤榮一就主張「合本主義」，亦即開拓出擁有高標準的倫理，除了追求私欲和私利，還能貢獻社會的事業。澀澤先生愛讀《論語》，還寫了提倡商場道德的《論語和算盤》。書中，他主張「士魂商才」，而非「和魂洋才」，也就是說，要帶著武士精神，融合商人的才智。現在，爲了反省過度盛行的功利主義，企業家提倡社會貢獻，開始主張「企業的社會責任」（CSR）、企業管理、永續性、人本主義等。

但是，讀了澀澤先生的諸多著作，我發現早在現代潮流之前，他便已經在提倡同樣的事了。道德與經濟合而爲一、公司與公益性、事業的持續性、尊重人類；讓人驚訝的是，澀澤先生的主張幾乎都可以運用在現代社會。

現在，趨勢已經從「企業的社會責任」轉變爲「共通價值的創造」（CSV），指的是打造有社會價値的事業，它所強調的精神和日本人從很早之前就視爲目標的內容是一樣的。

家族經營是長期持續的祕訣嗎？

根據過去發表的各種研究，老店企業大部分都是創業者一家人在經營的家族企業。沃爾瑪超市是山姆．沃爾頓（Sam Walton）成立的，創業者家族成員擁有極大影響力。廣義來說，福斯汽車和福特汽車也是如此。

在日本，三得利、竹中工務店和《讀賣新聞》都是類似的例子。

家族經營容易被視爲「老舊風格」而受人厭惡，因爲感覺只有特定成員才能參與決策，也可能和社會脫節。事實上，它確實有著決策過程不透明、資訊不公開，以及在人事和金錢報酬等方面讓員工感到不公平等缺點。

不過，這樣的企業也有其優勢，比方說，決策過程迅速、維持領導者魅力，以及傳達創業理念。在創業者一家掌握實權的狀況下，即使公司內部發生醜聞，員工也很難提出抗議。但現在，商業的擁有權已經和經營權分開，爲了抑止不當行爲，也開始強化公司管理。對非上市企業來說或許有些困難，但若是上市企業，就必須打造出尋找獨立董事的體制。

此外，也有經營者一家離開管理位置的例子。比方說，隨著企業的成長，僱用外來的專業經理人，讓公司可以進一步成長，但實際上，有的時候創業者一家人仍持續擁有控制性的影響力。創業者家族擁有影響力原非壞事，問題在於企業是否能夠屏除非法行爲、促進事業的新陳代謝，順應時代的需求。

現在，雖然非上市企業並不需要嚴格的企業管理，但將來，應該會需要在適當時機召開股東大會等公開的經營會議。

老店企業的問題與優點

帝國徵信在《百年企業的條件》一書中，很有意思的分析了財務報表。我之前一直深信老店企業會因爲忠實顧客的存在，而有較高的獲利率。但實際上，相較於其他業界的平均數字，老店企業並沒有優勢，應該說它本業外的利潤才具有競爭力，本書很直接的做出了「老店企業活用股票和土地、建物等累積的資產，創造出本業以外的收益」這個結論。

但我並不想說老店企業就只是沒有效率的企業。因爲我認爲它們持續經營事業，提供了包含就業機會在內的社會貢獻。

在豐田汽車即將邁入設立、創立一百週年的二〇三七年和二〇三八年，日本人口數估計爲一億一千兩百萬～一億一千三百萬人，比現在少一〇%，簡單來說，客人的數量也會減少一〇%。現在，很多企業一旦營業額減少一〇%，經營就會出現赤字。當然，降低成本或許也是一個辦法，但在縮小規模的過程中，更需要的是提高獲利的機制，以及在世界舞台上進行挑戰的機會。

豐田汽車在二〇一五年釋出了「Model AA」股票。若省略技術性的說明，堪稱是有點特別的股份。從發行第一年開始，股票配息分別爲上市價格的〇．五%、一．〇%、一．五%、二．〇%，持續上升，第五年之後都是二．五%。也就是說，越是能中長期持有這些股票，對該公司進行中長期的投資，配息的比例就越高。

在股票市場上，存在著不斷重複短期買賣的交易，甚至還有在不到一秒的時間內重複買賣，藉以獲利的超高速交易。股東原本的目標應該是透過企業來達到社會貢獻，現在卻只把獲利當成自己的目的。公司本來就是股東的，我們無從反對。就因爲公司爲股東所有，所以豐田公司的做法感覺和一般社會價值觀有些出入，他們主張唯有創造中長期的價值才有意義，我認爲這是豐田汽車對時代潮流的某種反抗。

不，或許以利潤來衡量這件事本身就太過老派。從艾文．托佛勒（Alvin Toffler）撰寫

《第三次浪潮》（*The Third Wave*）的八〇年代開始，大家一直在尋找可以取代利潤的標準。比如江戶時代以稻米來繳納地租，商人的利潤不用課稅。那個時代連固定資產稅都沒有，最有價值的東西不容易被理解。現在，若把臉書或Google等公司名稱隱藏起來看資產負債表，並不會知道它們是擁有全球性影響力的企業。我認為，以現在的企業評價來說，企業價值被低估了，因為現在的會計制度已經無法正確評價公司的價值。

在股票市場之外，還有群眾募資和首次代幣發行（ＩＣＯ）等各種不同的方法，使資金取得變得更加容易。此外，有很多追蹤者的人，只要召集眾人一起分享自己的願景，鼓勵大家參加自己的計畫，也可以得到人力上的支援。我們可說是進入了傳統標準中的「金錢」價值已經下降的時代。

超越既有的標準

我在前文中提到，企業可能從利潤標準脫離。但仔細一想，如果利潤是一種標準，僱用、社會貢獻與公益性肯定也都是一個標準。不，應該說，可以持續一百年的永續性也只是其中一個標準。

我不認為股份有限公司的體制會這麼容易瓦解，但是，對於一個企業體的評價標準應該會逐漸變得多元。

雖然事情有點複雜，但到最後，我們應該會回歸到祖先們的眞知灼見：「做自己相信的事。」這雖然是一條極為平庸的道路，但平庸之中，肯定也有著眞實。

二〇三七年的時代變化

- 豐田汽車一百週年
- 擺脫追求利潤的標準

必須思考的事

- 包含利潤在內的社會價值創造

這種東西會暢銷

- 有著特定價值標準的公司

賺錢方式

舉辦讀書會的經驗

我在二十多歲時曾舉辦過一些讀書會。運作方式是讀了書之後聯絡作者、前往拜會、邀請對方演講、召集聽衆、喝酒……不斷重複。在這個過程中，讓我感到驚訝的是，許多作者很容易就接受了不知從哪裡冒出來的年輕人邀約。或者應該說，他們非常歡迎年輕人的造訪。

後來，讀書會本身變得很制式化，最後，我們歸納出幾件從讀書會學到的事。雖然作者們各有不同的背景、事業和人生經歷，但大致可分類爲這三種。

- 一大早就起床，努力工作
- 不斷學習
- 善待他人

眞是乏味、無趣又不足爲奇的結論，當時我們大家都笑了。但是，一如之前說的，那份眞實肯定就在這些平凡裡，連像我這種愚鈍的人都知道它的重要性。

我們一直在追求著某些東西——在某個地方，應該有著自己不知道的某種祕密，在某個地方，一定有可以讓買賣出現巨大轉變的逆轉策略。但最後，總是只能不斷持續的努力和行動。

我希望可以用自己相信的方法，爲社會帶來價値。未來，若有機會舉辦企業活動，或者說得誇張一點，若有可能創立事業，唯有依照前述形式，我才能帶著自信走下去。

二〇三八年

全球教主商機大流行

關於膽敢預測未來

一般人對未來的預測，幾乎都很空洞。因爲雖然對未來的預測越激進越好，但事實上並不會發生這麼劇烈的變化。請大家想想二十年前，智慧型手機和ＩＴ設備進化神速，當然，汽車或其他事物也都不斷進步，比特幣等虛擬貨幣改變了世界。然而即使如此，也不像漫畫或小說描繪得那麼神奇。

如果我說，有許多人現在早上起來依然是吃過早餐後，便搭著爆滿的電車去上班，忍受上司帶來的壓力，因爲與客戶間的糾紛而困擾，一邊喝酒一邊吐苦水……一定會有人反駁：「遠距工作非常流行」或「現在換跑道很容易」。我不覺得這個世界沒有變化，但應該只有金字塔最頂層少數幾個百分比的人，他們的生活改變了。以我的觀點來看，沒有改變的超過九〇％。如果把全世界在鄉村生活的人當作大多數，將他們視爲商業活動的目標族群，與其思考發生巨大變化、那少數幾個百分比，還不如想想剩下那百分之九十幾乎沒有變化的人。在最後這個章節，我想打破禁忌，試著激進的預測未來。我想談談二〇三八年，也就是距今二十年後的潮流。

這些潮流包括凡人精神領袖的誕生、教主消費的潮流，以及改變商業結構的「人生

DIY化」。

無形宗教的登場

現代人從電腦、智慧型手機和平板電腦取得想要的資訊，而非透過自己身邊的人，而且，大家也透過網路皈依「教主」，完全就像信教一樣。過去的宗教性活動追求的是永恆的皈依和獻身，但現在，那種「全心全意」的態度實在太過沉重。以一個聽衆或消費者的角色去接觸那些資訊來源，或許還比較恰當。

社會學者湯瑪斯·盧克曼（Thomas Luckmann）在他的著作《無形的宗教》中指出，「無形宗教」已經登場，宗教從以教會爲代表的傳統宗教，轉變成強調個人的宗教，而且這已經是半世紀前就發生的事了。

這種「無形宗教」將討論重點放在個人的煩惱上，包括「工作與生活的平衡」「工作、職涯的成功法則」「與配偶的相處之道」等各種不同的議題。處理這些問題時，未必需要科學性的法則，對訊息接收者來說，最重要的是訊息提供者是否值得信賴，自己是否會相信他。

我認爲「這是正確的」或「這是良善的」的標準，無法成爲讓人們前進的動機。眞假善惡只存在表面的世界，未來若想讓人前進，只有「我相信他」這種能動搖心靈般的衝動。

對訊息提供者來說，他們並沒有把自己所說的法則當成眞理來闡述，而是帶著「自己已經實踐過了，也確實有效」這種至少他人無法否定的事實，來進行辯證。而且，「無形宗教」中並沒有特意主張精神性，他們強調的是沒有特色的實際效用。

如果不斷換工作，在企業中持續工作的年數只有短短幾年，沒有人知道公司的歷史，也幾乎不知道公司的理念。相較之下，參加那種無形宗教社群的年數還比較長。

有形宗教的實用性

因比特幣而聞名的區塊鏈技術，可以將交易紀錄保存在參與交易的電腦中，所以能夠防止篡改或洗錢。

一如我在非洲那個章節提到的，當區塊鏈技術更加普及後，還可以用於登記土地資料。在部分國家，土地所有權等資訊有可能被篡改，以致土地遭到剝奪。但是，有了區塊鏈技術後，人權應該就不會被踐踏。此外，如果交易過程都被記錄下來，消費者也可以掌握商品供應鏈的成員。我無意冒犯，不過打個比方，我們可以知道食品製造者是來自中國或韓國，或者衣服是在孟加拉製造的。

此外，我們也可以知道商品是在不會壓榨勞工，而是付出合理成本的工作環境所生產的，有意識的消費行爲會因此更加蓬勃。舉一個和區塊鏈技術無關的例子，服飾品牌「Everlane」就把各項商品的製造成本詳細刊載在網頁上，這種公開資訊的態度也成了一個賣點，這樣的做法以後應該會快速流行吧。

在這種無限延伸的資訊空間中，正確答案又從何處而來呢？這個時候，便需要教主的決斷了。訊息提供者形成了社群般的小宇宙，就算他們沒有特別的意圖，「無形宗教」還是會以個人的人生座右銘爲基礎，轉化成組織。如果有人說這是信仰者商業或新宗教，訊息提供者應該會否認。理由並非是因爲精神領袖不誠實，正是因爲他們過度誠實，而且也沒想過這是信仰者商業。

但是，未來確實需要新宗教的教主。現在，社會大衆的煩惱大多都還是職場的人際關係、薪水和工作內容。舉辦徵才的企業會針對剛踏入社會的新鮮人播放廣告：美麗的辦公室、俊美且精神奕奕的職場前輩、面帶笑容的美女員工，以及活力滿滿的上司。眞的是一份非常有意義的工作，而未來的你將活躍其中。事實上，這些景象沒人看過，至少我沒有。拍成電視廣告這件事本身，可說是廣告製作者為了追求這類職場（＝幻想），而將自身願望投射其中。

而且，開始工作之後，便被「永無止境的日常事務」給綁住了。當然，或許眞的有職場員工皆爲帥哥美女，但是，不管你有多少理想，所謂工作就是會被煩人的作業和惱人的人際關係所支配。我們需要的並不是社會革命家，也不是夢想家，而是在我們身邊，可以理解這些狀況，並提出解決策略的人。

我認爲人們所追求的，已經「從東西轉移到事務，然後再從事務轉移到方法」，或者應該說「從東西轉移到事務，再從事務轉移到人」。如果教主可以告訴我們在公司開心生存的方法，或是採取符合個人天性、在嚴苛的社會中勝出的做法，應該會非常值得信任。

無形宗教的目的

因此，透過這種「無形宗教」而接觸到的名人社群中，幾乎沒有人在討論拜金主義。大家反而熱烈的討論嶄新的商機、技能和潛能開發。

過去的宗教被視爲可以解決紛爭、貧窮、疾病。而且，就算陷入紛爭、貧窮、疾病的狀況，應該也可以感受到人生的意義，這樣的教誨，具有把不幸合理化的作用，缺乏從批判的角度來觀察當下的狀況，並帶動改革的行動。

從這層意義來說，「無形宗教」以更和平的方式意圖自我改革，其特徵是蘊含著想讓未來社會變得更好的心意。此外，傳統宗教拯救人類多半發生在死後的場合。誠如大家所知，在傳統佛教中，不管是否可以脫離輪迴，至少可以在死後的世界找到答案，基督教也是在死後才從原罪中得到解放。而已經離開紛爭、窮苦、疾病的我們，追求現世利益的即時性，應該也是理所當然的。

自我啓發的發明

自我啓發可行的前提必須是「可以自己改變自己」，此外，另一個前提是「可以決定自己的人生」。如果只是把別人指派的作業完成，走在已經完全鋪好的軌道上，就完全沒有自我啓發的空間。

過去視「從父母手中繼承家業，不多言強辯，只要完成工作就好」為理所當然的時代，根本不可能出現自我啓發。但是，當世襲制度已經消失，勉強可以養活自己，不管做什麼都依循「個人自由」的時代，反而更需要自我啓發。

自我啓發於一九六一年起源於美國。當時有兩個人想改變人類的生命歷程，那就是麥可．墨菲（Michael Murphy）和理查．普萊斯（Richard Price）。兩人對冥想、東方思想、哲學極有興趣，於一九六一年造訪加州的療養地，想出了將那裡打造成同好聚會場所的點子。他們改建場地、打造住宿設施、開設講座，然後開始營利。如此，便可埋頭研究自己喜愛的學問。

在墨菲與普萊斯的構想中，如果在那裡舉辦心理療癒課程或講座，研究心理學和哲學，應該可以更進一步理解人類。不同於過去的學術體系，他們把焦點放在人類本身。在那裡，人類本身的神祕和可能性成爲研究對象，產生了非常嶄新的轉變。

他們也引進嬉皮文化，在美國和全世界引發熱潮，人類的潛能運動就是從這裡爲起點，知名的伊色冷研究所（Esalen Institute）也就這樣誕生了。人們可以不受傳統和制度的束縛，自由自在生活，而且自己就是主體——這種現在看來十分理所當然的概念，就這樣出現了。

伊色冷研究所舉辦神祕又開放的講座時，越戰正陷入僵局。過去的保守宗教對悲慘的現實無計可施，大家需要的是新的「某種東西」。

與伊色冷研究所有關的知名人物就是馬斯洛。不用說，馬斯洛的需求五層次理論非常有名，亦即生理的需求、安全的需求、愛與歸屬的需求、受尊重的需求、自我成就的需求。

雖然伊色冷研究所和嬉皮文化本身的氣勢未能延續下來。但是，自我啓發性的東西持續存在，其中一部分甚至已經商業化了。

伊色冷研究所看到越戰的僵局，認為應該讓人們改變自己，而非改變社會。不久，個人電腦時代來臨，只要使用PC這個小箱子，就可以清楚看到社會和世界的轉變。但有趣的是，當個人電腦繼續發展，孕育出網路、社群媒體與社群文化時，凡人精神領袖的資訊提供變得非常容易。於是，自我啓發再度以全新的形式復甦。

無形宗教所拯救的東西

現今，已非既有宗教針對「工作與生活的平衡」「工作、職涯的成功法則」「與配偶的相處之道」提供解決策略，而是在我們身邊，以真實樣貌和我們談話的精神領袖。「你會覺得痛苦是應該的」「大家都可以感受到你的傷痛」「讓我們一起承擔那些痛苦、煩惱和困境」，從這些角度理解我們的精神領袖是非常真實的。

讓我們來看看信仰／祭祀費用的支出變化。左頁圖雖然擷取自家庭經濟調查，不過是

信仰／祭祀費支出（兩人以上的非農林漁業戶）

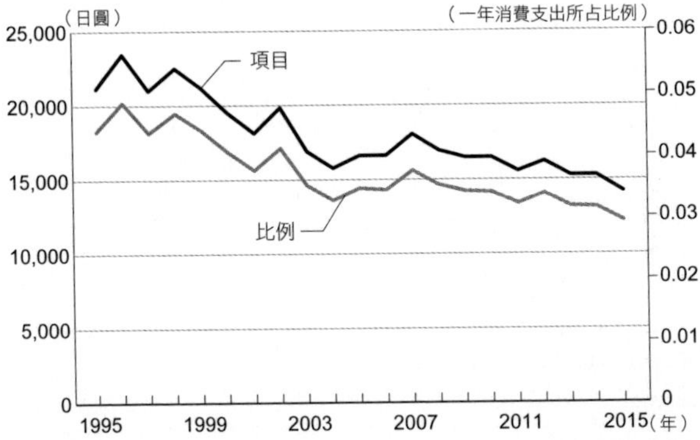

資料：家庭經濟調查

一九九五年之後的新增資料。有人說「現在是宗教的時代」，真是如此嗎？至少觀察日本人的支出，是比較傾向無信仰的。

其次是宗教法人數量與信徒的比例。下頁文化廳彙整的統計資料只記載了信徒數量，所以我們以總人口除以信徒數量，觀察信徒比例。若將宗教法人自行申報的信徒人數加以合計，其人數超過日本總人口。但是，即使考慮到這一點，宗教法人數量和總人口中的信徒比例（當然，包括信徒人數本身）都呈現下滑的趨勢。

有人稱現在是「療癒時代」，刻意強調精神層面。但是一如前述，過去以來，人們就會向宗教祈求遠離紛爭、貧窮和疾病。從這層意義來看，人們一直希望受到療癒、得到精神上的救贖。

並非尋求救贖的日本人變少了，也並非他們的煩

宗教法人數量與信仰者比例

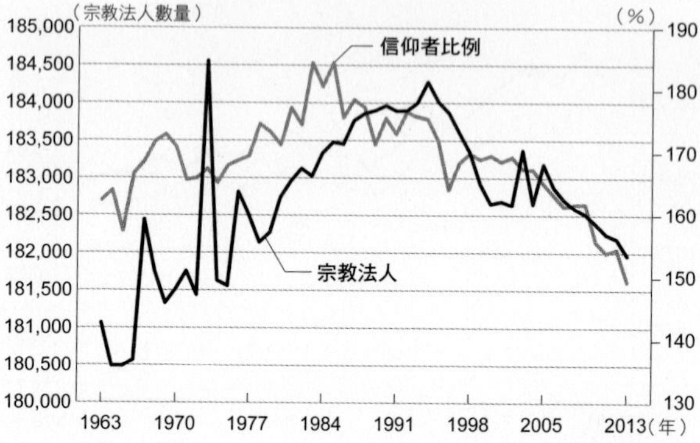

資料來源：文化廳

惱變少了。人類歷史中，想要得救的心情並非那麼容易就能改變，改變的只有教主而已。

過去，扮演這個角色的是商業書的作者，或是出現在電視節目上的文化人。但是，人們在少數的選項中，找不到適合自己的精神領袖。不過，如果是在無數位「精神領袖」都提供訊息的時代，找到的可能性就會提高。

就像供應速食，就算可以平均滿足大部分人，卻無法滿足美食家，或有特定嗜好的人，這個時候就需要客製化且極爲細膩的對應。

感覺上這或許不是特別新穎的行爲。六〇年代，嬉皮文化主張反企業、反資本主義、反消費，並創造出新世紀與現代自我主義相通的思想，其中，約翰·藍儂、死之華搖滾樂團、珍妮絲·賈普林等文化性明星特別受到注目。

但是，如果是舉行反越戰示威遊行、前往印度，或是回歸農村這一類的行動，人們便很難投入。而且，就像伊色冷研究所進行科學性學問研究一樣，人們並不是那麼「認眞」的想改變自己。

但是，衆人需要精神領袖，就像還是喜歡消費有機或環保品、願意別人分憂解勞，或是展現精采的生活風格般。就像戰後嬰兒潮世代喜歡學生運動，現在的年輕人則是喜歡網路社交平台和「連結」行動。

人們從以前開始，就和現在一樣追求療癒與精神層面的充實。大家採取的手段從東西變成事務，然後又從事務變成人，開始直接從他人或身邊的「某人」身上尋求療癒。

因此我們離開大宗教，轉而在小宇宙中飄蕩，開始尋找完全不同的精神領袖，並且將皈依的方向轉變爲「活生生的神」。

凡人精神領袖下一件要做的事

現代大家認爲放下手機就等於出家，關掉訊號就等同修行，但事實或許不是如此。利用智慧型手機追蹤某個特定的人，持續看著宛如「呢喃」般的教義或許才是出家，關掉訊號，參加實體活動或許正是接近現代人世界觀的修行。

教主發行的應該不只是教義，而是作爲新《聖經》的貨幣。日圓是基於對日本政府的信賴，發行貨幣是最能說明「相信」的一件事。我之所以會覺得虛擬貨幣很奇怪，就是因爲「虛擬貨幣換算成日圓是多少錢」這句話。如果相信虛擬貨幣，就不需要換算成日幣。不管換算成日幣後的跌價幅度，擁有多少虛擬貨幣都是不可改變的事實，唯有換成日幣才會有所謂的損失或獲利。但是，「只要持續擁有就沒關係」這樣的主張應該更接近宗教。

因爲首次代幣發行或發行虛擬貨幣，經濟活動變得更加多元。佐藤航陽曾在《錢幣2.0》一書中提到，人們會選擇自己喜歡的經濟圈。以虛擬貨幣或代幣，而非日幣來支領薪水的案例，應該會越來越多吧。不，薪水這個概念已經太落伍了，應該會誕生宛如在臉書按讚一樣的數位式感謝錢幣或是像賽錢（在日本，向神明祈求願望時所投入的錢）一樣的形式。

當然，並不是所有人都可以變成精神領袖，「教徒」或「信仰者」也並非全然投入。生活變得更加便利、可以用3D列印機來生產客製化商品，還能藉由虛擬實境讓自家變成虛擬空間。經濟活動以名人社群所發行的代幣爲核心，麻煩的事都交給AI。人類以不實用的東西爲核心生活。以這層意義來說，實際上更派不上用場的藝術，特別是現代藝術會受到矚目應該是理所當然的。評論這件事屬於AI無法處理的文科領域。所以我現在很看好「藝術」

「評論」這些看起來沒什麼用，而且未來也不會有什麼用處的領域。因爲當上精神領袖的人多半常常需要站在評論或說明世界立場的角度。

或者，人們將會更前衛、狂野的追求無秩序且未完成之物，宛如成爲過去式的迷幻（Psychedelic）一般。

人生的ＤＩＹ化

此外，未來還會出現人生的ＤＩＹ化，這是一種亦可稱爲隨選人生（Life on Demand）的活動。人們可以從凡人精神領袖得到人生的方向。同時，也利用數位技術爲自己實現無法在現實中完成的事。

現在已經出現可以共享皮膚感覺的活動。連動運動衫（Connected Jersey）是一種可以讓觀眾在觀看運動比賽時，和比賽中的選手「互相連結」的產品。觀眾可以同時接收選手的心跳數和刺激，感受到相同的興奮。但是，這個時候，觀眾的身體到底是屬於誰的？堪稱爲刺激神經技術，直接刺激腦神經的神經啓動（Neuropriming）也登場了。如果這種技術不斷進化，在透過虛擬實境（包含觸覺和嗅覺）體驗想像中的故事時，自己的人生又在何方？不，應該說眞正的我存在嗎？

如果有大容量的Lifelog（智慧型活動軌跡紀錄應用程式），就可以用個人的角度把看到或感受到的一切都記錄下來。這個時候或許可以利用小型的智慧型裝置，或是內建在人體內的硬體。然後，也可以追蹤、體驗某人的日常生活。但不斷重複之後，自己眞正的人生又存在於何處呢？

不管好壞，假設我們可以透過ＤＩＹ的方式自由設計自己的人生，會變成眞實世界的精神領袖嗎？可以透過虛擬實境活出精采的人生嗎？如果有人因此批評你，只能說這已經超越批判者的價值觀能夠想像的範圍，而且，也只能說，因爲在虛擬空間之外，已經有可以相信的價值了。

如果要預測二十年後，我想提出教主商機與人生的ＤＩＹ化。至於教主商機與人生ＤＩＹ化的普及是好是壞，就交由讀者的價值觀去判斷了。

以上是二〇一九到二〇三八年這二十年間可能發生的變化。你現在幾歲呢？若將這些趨勢和二十年後的自己加以比較，應該會很有趣。

在此，我想跟大家分享促使我寫這本書的一個小故事。兩年前，我曾和評論家宇野常寬一起登上日本電視台資訊節目《爽快!!》（スッキリ）。因爲年紀相同，我們聊了很多。兩人都已經快四十歲了，在迎接人生另一階段的此刻，應該把有限的時間投入在什麼樣的工作上？可能的話，我想出版一本宛如里程碑的書。在不斷對話的過程中，這個動機變得越來越強烈。

我平常就會觀察、分析各個業界的數據，並彙整成資料或與人討論。因此，在我思考未來的二十年時，我認爲或許可以好好整理腦袋裡的龐大資料，針對未來的趨勢加以統整。這就是撰寫這本書的起源。

針對二〇一九～二〇三八年這二十年，我將每一年各寫成一個章節，預測各個業界。但是，該業界未必會完全按照我那年所做的預測來發展。而且，選擇二十個業界這件事本身，是根據我個人的判斷，缺乏客觀性。換句話說，這本書只是我大膽講述自己的想像。不，應該說，所有出版品都是作者自己的想像。從這個角度來說，我是爲了自己而寫這本書的。

市面上有許多預測未來的書籍，其中大部分都認爲未來勢必會出現令人驚奇的發展。撰寫本書時，我讀了在一、二十年前所寫、預測未來的多本書籍，發現它們幾乎都沒有說中，現實朝著和預測完全相反的方向前進。所以，預測未來其實很空虛，這本書或許也在做同樣的事。我特意讓這本書的內容顯得平凡、普通，即使是商品的預測，也盡可能寫得平實一點。相對於大部分書籍都在談論不可預期的未來，本書根據統計資料來撰寫，不管我寫對或寫錯，讀者贊同我，還是反對我，爲求查證方便，我都盡量寫出資料來源。

＊

告知麻煩事的電子郵件、接連不斷的電話、同事的抱怨、永無止境的資料彙整、助理帶有負面情緒的諮詢、因爲相關人員突然來訪而浪費掉的時間、爲了幫某人卸責而掉到我頭上的工作、被分派的過多工作，以及上司的咆哮……這十年，我都待在這樣的職場。

然而，這也是一段無可取代的經驗。

在青森的工廠，深夜時終於開始生產；在香港發生的糾紛；在美國時的苦惱；每天巡視工廠，不斷在現場溝通、對話，並持續思考；和無數經營者對話，工作到深夜時，彼此訴說將來的夢想；在居酒屋，聽別人哭著問我「你爲什麼要辭職？」；年齡宛如我父親的男性堅定地握著我的手說了「謝謝你所做的一切」之後，我們相互擁抱……

就是在這個時候，我將工作內容寫進文章，並匯集成書——《牛丼一碗賺三元》（牛丼一杯の儲けは9円）。我的職涯從企業的資材管理員起步。資材管理員的工作內容就是到處購買企業生產所需要的零件和材料，然後進貨到工廠，在公司裡是一個非常不起眼的工作。但是，透過這個工作，我學到了產品的相關知識、交易對象的分析方法、成本和會計，以及業界和統計等各式各樣的知識。

之後，我開始上電視，成立公司，結婚生子，就這樣過了十年。十年前，我完全沒想過要出版一本預測未來的書。大家常說十年如隔世，對我來說，感慨特別深刻。

我在公司的角落不斷奮戰——與其說和敵人奮戰，倒不如說是一場探索自我可能性的奮戰——很開心有機會能提供讀者停下腳步、思考未來的契機。

＊

我認爲現今商務人士的困難在於，爲了追求利潤與效率而面對永無止境的日常業務時，還要思考未來和尋求戰略。同事或上司都過著非常忙碌的生活。過去，如果是大企業，通常會設置新事業開發部門，若能由這個部門來思考這些事，應該是一個好方法。但現在，無關部門，每個人都必須具備有某種假設，以預測未來，並針對職涯進行思考，打造出一番事業。

我以日本的角度來撰寫這本書。在現今的日本，過去以製造業爲核心、稱霸世界的光榮記憶，與步上中美後塵的悲傷，呈現出非常強烈的對比。本書是我自己思考的日本復活戰略。當然，不一定要以日本爲中心來思考，或者應該說，重要的是不受限於日本這個框架的商業。以日本爲中心來撰寫，完全是我自己個人的想法。

一如我在前文所述，這本書是以數據、資料爲主所彙整出的結論。我自己主動認爲哪一份資料重要，或者被動的認爲哪一份資料重要，對我來說都是一種偶然。即使閱讀同樣的文章，讀者覺得有趣的段落，或許也視當時的狀況和機緣而定。我文章中的內容，或許和讀者所思考的問題一致，也或許我的文章會讓大家產生我完全無從想像的想法。

爲了刺激各式各樣想法的誕生，我在撰寫時會盡量連結大家想像不到的專有名詞。對部分讀者來說，或許會覺得很冗長，但應該有些讀者會覺得有趣。不只所有的出版品都是作者自己的想像，也或許所有的工作都是工作者自己的想像。

這本書是我在這些大量數據形成且即將流逝的過程中，盡可能掌握到的內涵，也算一種抵抗的嘗試。一如先前所言，十年前我從來沒想過自己會做這件事。同樣的，因爲這本書，或許會使過去完全沒有想過的工作因而誕生。原來即使要預測自己的未來，也是如此困難。

很幸運的，我有許多機會和各種領域的知名人士會面。對於未來，他們提出「這樣的世界可能會降臨」的假設，決定前進方向。不知未來是否會眞如他們所預測，當然，也可能完全背道而馳。但是，預測未來正成爲一種生存能力，也是與世界交鋒的勇氣，或許也會爲我們帶來思考、創新的愉悅。我要將本書獻給未知的自己。

最後，我想向陪伴我一起完成大膽想像的編輯竹村優子小姐，獻上最誠摯的謝意。

參考文獻

2019年

《2017年國勢調查》(平成27年国勢調査)　統計局

〈便利商店統計調查年度合計〉(コンビニエンスストア統計調査年間集計)　一般社團法人加盟連鎖店協會

《日本戶數之未來預估(全國預估)(2018年預估)》(日本の世帯数の将来推計(全国推計)(2018(平成30)年推計))國立社會保障/人口問題研究所

〈2017年2月法說會〉(2017年2月期決算説明会)　7&I控股公司

《7-ELEVEN第一家分店　繁榮興盛的事業》(セブン-イレブン1号店　繁盛する商い)　PHP新書　山本憲司(著)　PHP研究所(2017年)

《移動人——都市與人類的未來》(ホモ・モーベンス——都市と人間の未来)　中公新書　黑川紀章(著)　中央公論新社(1969年)

《新游牧騎馬民族　游牧時代——資訊化社會的生活型態》(新遊牧騎馬民族　ノマドの時代——情報化社会のライフスタイル)　黑川紀章(著)　德間書店(1989年)

《即將封閉的帝國與另一個角度的21世紀經濟》(閉じてゆく帝国と逆説の21世紀経済)集英社新書　水野和夫(著)集英社(2017年)

《消費社會的未來——符號消費與脫物質消費》(消費社会のゆくえ——記号消費と脱物質主義)　間々田孝夫(著)　有斐閣(2005年)

《2035年的世界》(2035年の世界)　高城剛(著)　PHP研究所(2014年)

2020年

〈自動駕駛商業討論會「實現自動駕駛的方針」報告書概要〉（自動走行ビジネス検討会「自動走行の実現に向けた取組方針」報告書概要）　自動駕駛商業討論會

《無禮的汽車——美國車的內幕》（*The Insolent Chariots*）　至誠堂新書　約翰・濟慈（John Keats）（著）　玉城素（譯）　至誠堂書店（1965年）

《笨拙的男人們》（できそこないの男たち）　光文社新書　福岡伸一（著）　光文社（2008年）

《車子啊，謝謝你的照顧：美國汽車大眾化的歷史與未來》（*Divorce Your Car! : Ending the Love Affair with the Automobile*）　凱迪・雅沃（Katie Alvord）（著）　堀添由紀（譯）　白水社（2013年）

《汽車大眾化的世紀——從福特T型車到電動車》（モータリゼーションの世紀——T型フォードから電気自動車へ）　岩波現代全書96　鈴木直次（著）　岩波書店（2016年）

《移動革命2030——汽車產業的破壞與創造》（モビリティー革命2030——自動車産業の破壊と創造）　德勤會計師事務所（Deloitte Tohmatsu Consulting LLC）（著）　日經BP社（2016年）

《成長力評分！2020年的「勝利組」汽車公司》（成長力を採点！2020年の「勝ち組」自動車メーカー）　中西孝樹（著）　日本經濟新聞出版社（2015年）

《大前研一IoT革命——裝戴式裝置・家電・汽車・機器人一切都聯網時代的戰略發想》（大前研一IoT革命——ウェアラブル・家電・自動車・ロボットあらゆるものがインターネットとつながる時代の戦略発想）　大前研一（著）　總統社（2016年）

2021年

〈針對社會資本之維持管理／更新的主體間關係之相關調查報告（期中報告書）〉（社会資本の維持管理・更新のための主体間関係に関する調査研究（中間報告書））國土交通省 國土交通政策研究所

〈記者發表資料（2012年7月24日）〉（記者発表資料（平成24年7月24日）） 國土交通省 東北地方整備局

《崩壞的美國》（*America in Ruins*） 蘇珊・沃特（Susan Walter）（著） 社會資本研究所（譯） 開發問題研究所（1982年）

《東日本大地震的實際體驗 災害初期應對之指揮心得》（東日本大震災の実体験に基づく災害初動期指揮心得） 國土交通省 東北地方整備局

《2025年的巨大市場——基礎建設老舊化變成所有產業的機會》（2025年の巨大市場——インフラ老朽化が全産業のチャンスに変わる） 淺野祐一／木村駿（著） 日經BP（2014年）

《202X基礎建設科技——大膽預測土木設施的商機》（202X インフラテクノロジー——土木施設の商機を大胆予測） 淺野祐一（著） 日經建設編著 日經BP社（2016年）

《深入了解基礎建設投資商業——了解需求、認識危險、制定戰略》（よくわかるインフラ投資ビジネス——需要を読む、リスクを知る、戦略を練る） 福島隆則／菅健彥（著） 日經BP社（2014年）

《老舊的基礎建設——不知不覺間已經成為一個危機》（朽ちるインフラ——忍び寄るもうひとつの危機） 根本祐二（著） 日本經濟新聞出版社（2011年）

《社會基礎建設的危機——從打造到保護——維護管理的新潮流》（社会インフラの危機——つくるから守るへ——維持管理の新たな潮流） 牛島榮（著） 日刊建設通訊新聞社（2013年）

2022年

〈電中研新聞409〉（電中研ニュース409）（財）電力中央研究所

《2004年度「能源相關年度報告（能源白皮書2005）」》（平成16年度「エネルギーに関する年次報告（エネルギー白書2005）」）資源能源廳

《能源白皮書（2017年版）》（エネルギー白書（2017年版））經濟產業省（編）經濟產業調查會（2017年）

《給未來總統的能源課：頂尖物理學家眼中的能源真相》理查・繆勒（著）顏誠廷（譯）漫遊者文化（2014年）

《從核電廠事故後的能源供應看日本經濟——東日本大地震究竟帶來多大影響》（原発事故後のエネルギー供給からみる日本経済——東日本大震災はいかなる影響をもたらしたのか）馬奈木俊介（編著）minerva書房（2016年）

《電力改革——能源政策的歷史性大轉變》（電力改革——エネルギー政策の歴史的大転換）講談社現代新書 橘川武郎（著）講談社（2012年）

《能源產業的2050年——Utility3.0的遊戲轉換》（エネルギー産業の2050年——Utility3.0へのゲームチェンジ）竹內純子（編著）伊藤剛／岡本浩／戶田直樹（著）日本經濟新聞出版社（2017年）

《消費大陸亞洲——了解巨大市場》（消費大陸アジア——巨大市場を読みとく）川端基夫（著）筑摩書房（2017年）

2023年

〈農林漁業的六級產業化〉（農林漁業の6次産業化）農林水產省

《2014年度　食品原料・農業・農村白皮書》（平成26年度　食料・農業・農村白

書）農林水產省

〈News Release 2017年8月17日〉 住友化學

〈世界食用肉需求趨勢〉（世界の食肉需要の行方） 三井物產戰略研究所（產業調查第二室） 野崎由紀子

〈農地制度〉 農林水產省

《2025年　日本的農業商業》（2025年　日本の農業ビジネス） 講談社現代新書 21世紀政策研究所（編） 講談社（2017年）

《六級產業化與JA的全新功能——農業的未來》（6次產業化とJAの新たな役割——農業の未来のために） 經濟法令研究會（編） 經濟法令研究會（2011年）

《為求生存，地方鄉鎮該做些什麼？》（地方が生き残るために何をすべきか?） 金子利雄（著） 真人堂（2017年）

《農業六級產業化與地方振興》（農の6次產業化と地域振興） 熊倉功夫（審訂）米屋武文（編） 春風社（2015年）

《里山產業論——「食的戰略」超越六級產業》（里山產業論——「食の戰略」が六次產業を超える） 角川新書 金丸弘美（著） KADOKAWA（2015年）

2024年

〈Africa in 50 Year's Time〉 African Development Bank

〈Fact Sheet 非洲的現在 #4〉（Fact Sheetアフリカのいま　#4） 聯合國開發計畫（UNDP）

《WIRED連線雜誌》日文版Vol. 29／〈African Freestyle　WIRED、到非洲去〉特集（African Freestyle ワイアード、アフリカにいく） 2017/9/11 Condé Nast Japan

（著） WIRED編輯部（編）

《菲律賓——快速成長的年輕「大國」》（フィリピン——急成長する若き「大国」） 中公新書 井出穣治（著） 中央公論新社（2017年）

《有花的遠景——在東非（增訂新版）》（花のある遠景——東アフリカにて（増補新版）） 西江雅之（著） 青土社（2010年）

《經濟大陸非洲——從資源、糧食問題到開發政策》（経済大陸アフリカ——資源、食糧問題から開発政策まで） 中公新書 平野克己（著） 中央公論新社（2013年）

《現代非洲經濟論 系列／現代的世界經濟8》（現代アフリカ経済論 シリーズ・現代の世界経済8） 北川勝彥／高橋基樹（編著）

《寫給社會人士的現代非洲講義》（社会人のための現代アフリカ講座） 東大塾 遠藤貢／關谷雄一（編） 東京大學出版會（2017年）

2025年

《2014年版高齡社會白皮書》（平成26年版高齢社会白書） 內閣府

〈日本老年醫學會學術集會（2015年6月12～14日）〉（日本老年医学会学術集会（2015年6月12～14日）） 日本老年醫學會

〈花在「孫子」身上的支出實態調查（2011年度調查）〉（「孫」への支出実態調査（2011年度調査）） 共立綜合研究所

《孝親商品 熱賣的法則——100兆日圓 點燃活躍銀髮族的市場！》（オヤノタメ商品 ヒットの法則——100兆円 プラチナエイジ市場を動かした！） 今井啟子／SUDI（著） 集英社（2012年）

《銀髮族轉換的衝擊——將超高齡社會變成商機的方法》（シニアシフトの衝

擊——超高齡社会をビジネスチャンスに変える方法）　村田裕之（著）　鑽石社（2012年）

《銀髮族行銷為何行不通——新成人消費讓日本更有活力》（シニアマーケティングはなぜうまくいかないのか——新しい大人消費が日本を動かす）　阪本節郎（著）　日本經濟新聞出版社（2016年）

《怎麼辦？怎麼辦？日本的大問題：少子「超」高齡化篇》（どうする？　どうなる？ ニッポンの大問題　少子“超”超高齢化篇）　石破茂／弘兼憲史（著）　WANA BOOKS（2017年）

《新銀髮族市場攻略之鑰是邁向第二人生的大叔！》（新シニア市場攻略のカギはモラトリアムおじさんだ！）　影片研究人研究所（編著）　鑽石社（2017年）

2026年

《1995年》（1995年）筑摩新書 速水健朗（著）筑摩書房（2013年）

〈從一萬個生活者的問卷，觀察日本人的價值觀與消費行為變化（2015年）〉（「生活者1万人アンケートにみる日本人の価値観・消費行動の変化」））　野村綜合研究所

《「討厭消費」世代之研究——動搖經濟的「無欲望」年輕人們》（「嫌消費」世代の研究——経済を揺るがす「欲しがらない」若者たち）　松田久一（著）　東洋經濟新報社（2009年）

《三十三年後的水晶世代》（33年後のなんとなく、クリスタル）　田中康夫（著）　河出書房新社（2014年）

《R30的欲望開關——沒有欲望的年輕人的真正欲望》（R30の欲望スイッチ——欲しがらない若者の、本当の欲望）　白岩玄（著）　宣傳會議（2014年）

《簡單族的反叛——不購物消費者的出現》（シンプル族の反乱——モノを買わない消費者の登場） 三浦展（著） bestsells（2009年）

《無欲世代——解讀「新年輕人」的價值觀》（つくし世代——「新しい若者」の価値観を読む） 光文社新書 藤本耕平（著） 光文社（2015年）

《Party People經濟——Party People啟動市場》（パリピ経済——パーティーピープルが市場を動かす） 新潮新書 原田曜平（著） 新潮社（2016年）

《現代日本人的意識結構（第8版）》（現代日本人の意識構造（第8版）） NHK Books NHK放送文化研究所（編） NHK出版（2015年）

《年輕人為什麼不買東西》（若者はなぜモノを買わないのか） 青春新書intelligence 堀好伸（著） 青春出版社（2016年）

《面對年輕人——電通所思考的未來溝通術》（若者離れ——電通が考える未来のためのコミュニケーション術） 電通年輕人研究部（編） 吉田將英／奈木禮／小木真／佐藤瞳（合著） MdN Corporation（2016年）

《新版 水晶世代》（新装版 なんとなく、クリスタル） 河出文庫 田中康夫著 河出書房新社（2013年）

《打造世界史的商業模式》（世界史を創ったビジネスモデル） 新潮選書 野口悠紀雄（著） 新潮社（2017年）

《其中一人鼓動三十萬人！MdN Corporation 善用影響力的流感行銷》（その 1 人が 30 万人を動かす！—— 影響力を味方につけるインフルエンサー・マーケティング）本田哲也（著）東洋經濟新報社（2007年）

2027年

《Quick Japan影音情報特集VOL. 16》（クイックジャパン Vol.16） 太田出版

（1997年）

《音樂產業 追求再成長的組織戰略——針對不確定性與複雜性的音樂相關企業之組織管理》（音楽産業 再成長のための組織戦略——不確実性と複雑性に対する音楽関連企業の組織マネジメント） 八木良太（著） 東洋經濟新報社（2015年）

《新世代音樂商業最終講義——拿著新地圖，活在音樂與科技的蜜月時代！》（新時代ミュージックビジネス最終講義——新しい地図を手に、音楽とテクノロジーの蜜月時代を生きる！） 山口哲一（著） Rittor Music（2015年）

《圍欄中的跳舞》（檻のなかのダンス）鶴見濟（著） 太田出版（1998年）

《破壞者》（破壊者） 松浦勝人（著） 幻冬舍（2018年）

2028年

〈The Water Crisis〉 Water. org

〈水資源缺乏：潛藏在日本企業供應鏈的危機（2012年）〉（ピークウォーター：日本企業のサプライチェーンに潜むリスク（2012年）） KPMG AZSA Sustainability

《日本經濟新聞早報（2016/1/13）》（日本経済新聞朝刊（2016/1/13）） 日本經濟新聞

〈日本對世界用水問題所採取的對策（「立法與調查2012.9 No.332」〉（世界の水問題への日本の取組（「立法と調査2012.9 No.332」） 第一特別調查室 松井一彥

《人就是這樣增加的——二十萬年的人口變遷史》（ヒトはこうして増えてきた——20万年の人口変遷史） 新潮選書 大塚柳太郎（著） 新潮社（2015年）

《法國如何克服少子化》（フランスはどう少子化を克服したか） 新潮選書 高崎順子（著） 新潮社（2016年）

《縮小日本的衝擊》（縮小ニッポンの衝撃）　講談社現代新書　NHK special採訪組（著）講談社（2017年）

《人口的世界史》（*A Concise History of World Population*）　瑪西默・立維貝西（Massimo Livi-Bacci）（著）　素水融、齊藤修（譯）　東洋經濟新報社（2014年）

《人口學入門——解讀少子・高齡化》（人口学への招待——少子・高齢化はどこまで解明されたか）　中公新書　河野稠果（著）　中央公論新社（2007年）

《人口減少時代的土地問題——「擁有者不明化」與繼承、空屋、制度的未來走向》（人口減少時代の土地問題——「所有者不明化」と相続、空き家、制度のゆくえ）中公新書　吉原祥子（著）　中央公論新社（2017年）

《世界主要國家・地區的人口問題　人口學圖書館8》（世界主要国・地域の人口問題　人口学ライブラリー8）　早瀨保子／大淵寬（編著）　原書房（2010年）

《東亞的社會大變動——從人口調查看世界》（東アジアの社会大変動——人口センサスが語る世界）　末廣昭／大泉啓一郎（編著）　名古屋大學出版會（2017年）

《日本的人口動向與未來社會——人口潮流改變世界和日本》（日本の人口動向とこれからの社会——人口潮流が変える日本と世界）　森田朗（審訂）　國立社會保障・人口問題研究所編　東京大學出版會（2017年）

《未來年表：人口減少的衝擊，高齡化的寧靜危機》（未来の年表——人口減少日本でこれから起きること）　河合雅司（著）　林詠純、葉小燕（譯）　究竟（2018年）

2029年

《三億貧窮中國民工的藍調》（3億人の中国農民工　食いつめものブルース）　山田泰司（著）　日經BP社（2017年）

《*Human Development Report 2016*》　聯合國開發計畫

〈中國鋼鐵業界的現況與今後的展望〉（中国鉄鋼業界の現状と今後の展望）　三菱東京UFJ銀行 戰略調查部 神田壯太

《結果，持續獲勝的美國經濟　一人獨輸的中國經濟》（結局、勝ち続けるアメリカ経済　一人負けする中国経済）　講談社＋α新書 武者陵司（著）　講談社（2017年）

《戶籍種族隔離國家・中國的崩壞》（戸籍アパルトヘイト国家・中国の崩壊）　講談社＋α新書 川島博之（著）　講談社（2017年）

《習近平所隱藏的位居世界第三的中國經濟》（習近平が隠す本当は世界3位の中国経済）　講談社＋α新書 上念司（著）　講談社（2017年）

《圖解 解讀ASEAN——有助理解ASEAN的七十個主題（第二版）》（図解ASEANを読み解く——ASEANを理解するのに役立つ70のテーマ（第2版））　Mizuho綜合研究所（著）　東洋經濟新報社（2018年）

《中國：潰而不崩》　何清漣／程曉農（著）　八旗文化（2017年）

《中國經濟入門——高度成長的結束與邁向安定成長之路（第四版）》（中国経済入門——高度成長の終焉と安定成長への途（第4版））　南亮進／牧野文夫（編）　日本評論社（2016年）

《日本與中國經濟——互相交流與衝突的一百年》（日本と中国経済——相互交流と衝突の一〇〇年）　筑摩新書 梶谷懷（著）　筑摩書房（2016年）

2030年

〈POLITICAL DECLARATION〉　UN Women

〈女性創業者所面臨的現況〉（女性起業家を取り巻く現状について）　內閣府男女共同參與企畫局

《藉以作為武器的人口減少社會——透過國際比較統計看出的日本優勢》（武器としての人口減社会——国際比較統計でわかる日本の強さ） 光文社新書 村上由美子（著） 光文社（2016年）

2031年

〈三萬三千平方公尺〉（3万3千平米） 藤子・F・不二雄（著） （1975年）

〈State of the Satellite Industry Report〉 SIA

《Jyurisuto》（ジュリスト） 2017年5月號〔雜誌〕（2017/4/25發行） 有斐閣

《太空商業——一看就懂 從入門到業界動向 圖解商業訊息來源》（宇宙ビジネス——入門から業界動向までひと目でわかる 図解ビジネス情報源） 的川泰宣（審訂） ASCII MEDIA WORKS（2011年）

《宇宙商業入門——New Space革命的全貌》（宇宙ビジネス入門——New Space革命の全貌） 石田真康（著） 日經BP社（2017年）

2032年

《*World Population Prospects 2017*》 聯合國

〈2017年8月「運輸與經濟～印度的現況～」〉（2017年8月「運輸と経済～インドのいま～」） 一般社團法人運輸調查局

《亞洲的好萊塢——全球化與印度電影》（アジアのハリウッド——グローバリゼーションとインド映画） 山下博司／岡光信子（著） 東京堂出版（2010年）

《在印度製造！銷售！——向先行者企業學習的開發・企業・行銷的本土化戰略》（インドでつくる！ 売る！——先行企業に学ぶ開発・生産・マーケティングの現地化戦略） 須貝信一（著） 實業之日本（2014年）

《印度與日本是最佳夥伴》（インドと日本は最強コンビ） 講談社＋α新書 山傑威・辛海（Sanjeev Sinha）（著） 講談社（2016年）

《印度商業40年戰記——面對13億人口市場的方法》（インドビジネス40年戦記——13億人市場との付き合い方） 中島敬二（著） 日經BP社（2016年）

《印度人的「力量」》（インド人の「力」） 講談社現代新書 山下博司（著） 講談社（2016年）

《厲害的印度商業》（すごいインドビジネス） 日經Premiere Series 山傑威・辛海（Sanjeev Sinha）（著） 日本經濟新聞出版社（2016年）

《莫迪改變的印度——起飛中亞洲大國的「寧靜革命」》（モディが変えるインド——台頭するアジア巨大国家の「静かな革命」） 笠井亮平（著） 白水社（2017年）

《最後的超大國印度——前大使看到的親日國的一切》（最後の超大国インド——元大使が見た親日国のすべて） 平林博（著） 日經BP社（2017年）

《池上彰矚目的未來大都市／經濟大國〈4〉孟買・印度》（池上彰が注目するこれからの大都市・経済大国〈4〉ムンバイ・インド） 池上彰（審訂） 凡・傑尼（Vaughan Jenny）（原著） 兒童俱樂部（編） 講談社（2016年）

《下一波經濟狂潮：從人口、債務、物價指數剖析未來十年全球經濟的贏家與輸家》（*The Rise and Fall of Nations: Forces of Change in the Post-Crisis World*） 盧奇・夏瑪（Ruchir Sharma）（著） 陳昌儀、劉道捷（譯） 商周出版（2016年）

2033年

〈新聞稿（2015年6月22日）〉（NEWS RELEASE（2015年6月22日））野村綜合研究所

〈建築開工統計調查報告〉（建築着工統計調査報告） 國土交通省

〈中古住宅流通促進・活用相關研究會〉（中古住宅流通促進・活用に関する研究会） 國土交通省

〈常見問題〉（よるあるご質問） 財務省

〈「全國版空屋／空地銀行」樣本 以及參與企畫方法等〉（「全国版空き家・空き地バック」の仕様　並びに参画方法等について） 國土交通省

〈DIY型借貸的建議〉（DIY型賃貸借のすすめ） 國土交通省

《被「空屋」腐蝕的日本》（「空き家」が蝕む日本） Poplar新書　長嶋修（著） Poplar社（2014年）

《2020年住宅大樓大崩壞》（2020年マンション大崩壊） 文春新書　牧野知弘（著） 文藝春秋（2015年）

《2025年東京不動產大暴跌》（2025年東京不動産大暴落） 榊淳司（著） East Press（2017年）

《解決！空屋問題》（解決！空き家問題） 筑摩新書　中川寛子（著） 筑摩書房（2015年）

《空屋大國日本》（空き家大国ニッポン） 水谷秀志（著） Seseragi出版（2017年）

《空屋問題——一千萬戶的衝擊》（空き家問題1000万戸の衝撃） 祥傳社新書　牧野知弘（著） 祥傳社（2014年）

《老舊的家　崩壞的街——住宅過剩社會的末路》（老いる家　崩れる街——住宅過剰社会の末路） 講談社現代新書 野澤千繪（著）講談社（2016年）

2034年

〈NEWS RELEASE（2015年12月2日）〉野村綜合研究所

《新產業構造願景（2017年）》（新産業構造ビジョン（平成29年））經濟產業省

《精通機器學習：使用Python》（*Introduction to Machine Learning with Python*）安德里亞斯・C・謬勒（Andreas C Mueller）／莎拉・基多（Sarach Guido）（著）李宜修（譯）歐萊禮（2017年）

《奇點臨近》（*The Singularity Is Near: When Humans Transcend Biology*）雷・庫茲威爾（Ray Kurzweil）（著）NHK出版（2017年）

《人工智慧如何超越「名人」？》（人工知能はどのようにして「名人」を超えたのか？）山本一成（著）鑽石社

《哈佛商業評論　11月號／2015（日文版）》（ハーバード・ビジネス・レビュー 2015年11月号）安宅和人

《愛因斯坦夢想中的5堂AI幸福學：人不會被淘汰，未來的日子只會越來越好！》（2020年人口知能時代　僕たちの幸せな働き方）藤野貴教（著）侯永馨（譯）大樂（2018年）

《奇點／商業——在AI時代獲勝的企業與人的條件》（シンギュラリティ・ビジネス——AI時代に勝ち残る企業と人の条件）幻冬舍新書　齋藤和紀（著）幻冬舍（2017年）

《AI導入起手式：人工智慧扭轉企業未來》（実践フェーズに突入　最強のAI活用術）野村直之（著）陳令嫻（譯）旗標（2019年）

《不需要人類——人工智慧時代的經濟與勞動手冊》（*Humans Need Not Apply: A Guide to Wealth and Work in the Age of Artificial Intelligence*）傑里・卡普蘭（Jerry Kaplan）（著）安原和見（譯）三省堂（2016年）

《2030年僱用大崩壞：AI人工智慧讓你失去工作，還是不用工作？》（人工知能と経済の未来2030年僱用大崩壊）　井上智洋（著）　謝敏怡（譯）　大牌（2018年）

《人工智慧哲學課》（人工知能のための哲学塾）　三宅陽一郎（著）　BNN新社（2016年）

《人工智慧的夢想——AI short short特輯》（人工知能の見る夢は——AIショートショート集）　文春文庫　新井素子／宮內悠介等（著）　人工智慧學會（編）　文藝春秋（2017年）

《日本復興戰略》（日本再興戦略）　落合陽一（著）　幻冬舍（2018年）

《量子電腦加速人工智慧發展》（量子コンピュータが人工知能を加速する）　西森秀稔／大關真之（著）　日經BP社（2016年）

《人工智慧的核心》（人工知能の核心）　NHK出版新書　羽生善治／NHK Special採訪組（著）　NHK出版（2017年）

2035年

〈新聞稿（波音預估2035年前大約需要150萬名飛行員與技術人員）〉（プレスリリース（ボーイング、2035年までに約150万名のパイロットと技術者が必要と予測）　BOEING

〈Statistical Summary of Commercial Jet Airplane Accidents 2016〉　BOEING

〈Global Market Forecast〉　AIRBUS

〈CURRENT MARKET OUTLOOK 2016-2035〉　BOEING

〈民航機相關市場預測（2017-2036）〉（民間航空機に関する市場予測（2017-2036））　一般財團法人　日本飛機開發協會

〈SUMMARY OF PASSENGER AND FREIGHT TRAFFIC〉IATA

〈操控員、維修師等的養成與確保策略〉（操縦士・整備士等の養成・確保に向けた取組の状況） 國土交通省

〈航空豆知識〉 JAL

〈太空產業願景2030〉（宇宙産業ビジョン2030） 太空政策委員會

〈太空基本計畫工程表（2015年度修訂）〉（宇宙基本計画工程表（平成27年度改訂）） 太空開發戰略本部

《如何成為航空公司飛行員——實現夢想的指南（新版）》（エアラインパイロットになる本——夢を実現させるための進路ガイド（新版）） IKAROS MOOK 阿施光南（著） IKAROS出版（2016年）

《波音VS.空中巴士 白熱化的開發競爭——為什麼客機會在100年內進步這麼多？》（ボーイングVSエアバス 熾烈な開発競争——100年で旅客機はなぜこんなに進化したのか） 交通新聞社新書 谷川一巳（著） 交通新聞社（2016年）

《航空產業入門（第二版）》 ANA綜合研究所著 東洋經濟新報社（2017年）

《最新 航空事業論——航空公司・商業的未來發展（第2版）》（最新 航空事業論——エアライン・ビジネスの未来像（第2版）） 井上泰日子（著） 日本評論社（2016年）

2036年

〈日本未來預估人口（2017年預估）〉（日本の将来推計人口（平成29年推計））國立社會保障・人口問題研究所 UR都市機構

《遺產分割事件之有理由裁決・調停成立件數》（遺産分割事件のうち認容・調停成

立件数） 法院

《一個人的臨終活動——消除不安的萬全準備》（ひとり終活——不安が消える万全の備え） 小學館新書 小谷綠（著） 小學館（2016年）

《想馬上進行的最棒臨終活動——秘密和羞恥的「整理」 能夠預防可能出現的麻煩整理身邊事物的建議》（今すぐ取りかかりたい最高の終活——秘密も恥も“お片づけ” トラブルを未然に防ぐ身辺整理のすすめ） 真鍋淳也／山本祐紀／吉田泰久（著） 社長的臨終活動研究會（協力）青月社（2017年）

《臨終活動・繼承手冊——繼承診斷專家！》（終活・相続の便利帳——カリスマ相続診断士が日本一やさしく教えます！） EI MOOK 一橋香織（審訂） 枻出版社（2017年）

《經濟學人週刊》（週刊エコノミスト） 毎日新聞出版（2017年10月3號）

2037年

〈豐田汽車75年史〉（トヨタ自動車75年史） 豐田汽車

〈年報 2014年3月號〉（アニュアルレポート 2014年3月期） 豐田汽車

〈2016年5月調查（明治維新前創業的公司有3,343家，營業年數超過500年以上者為41家）〉（2016年5月調査（明治維新前の創業は3,343家 業歴500年以上は41社）） 帝國徵信（帝國データバンク）

〈第一屆AA型股票的相關說明資料〉（第一回AA型種類株式に関するご説明資料） 豐田汽車

《全球資本主義中的澀澤榮一——合本資本主義和道德》（グローバル資本主義の中の渋沢栄一——合本キャピタリズムとモラル） 橘川武郎／派翠克・弗烈德森（Patrick Fridenson）（編著） 東洋經濟新報社（2014年）

《白話版 論語和算盤》（現代語訳 論語と算盤） 筑摩新書 澀澤榮一（著） 守屋淳（譯） 筑摩書房

《200年企業》（200年企業） 日經商業人文庫 日本經濟新聞社（編） 日本經濟新聞社（2010年）

《200年企業II》（200年企業II） 日經商業人文庫 日本經濟新聞社（編） 日本經濟新聞社（2012年）

《200年企業III》（200年企業III） 日經商業人文庫 日本經濟新聞社（編） 日本經濟新聞社（2013年）

《那家公司就是這樣倒的》（あの会社はこうして潰れた） 日經Premiere Series 藤森徹（編） 日本經濟新聞出版社（2017年）

《經濟學人週刊》（週刊エコノミスト） 〈100年企業〉（ザ・100年企業） 毎日新聞出版（2018/1/16發行）

《邁向成功長壽企業之道》（成功長寿企業への道） 淺田厚志（著） 出版文化社（2013年）

《創業三〇〇年的長壽企業為何可以持續興盛》（創業三〇〇年の長寿企業はなぜ栄え続けるのか） Globis經營研究所（著） 田久保善彥（審訂） 東洋經濟新報社（2014年）

《長壽企業的危機管理——得以存活下來的DNA》（長寿企業のリスクマネジメント——生き残るためのDNA） 後藤俊夫（審訂） 第一法規出版（2017年）

《日本的家庭企業——尋找其永續性》（日本のファミリービジネス——その永続性を探る） 家庭商業學會編 奥村昭博／加護野忠勇（編著） 中央經濟社（2016年）

《可以持續經營百年以上的公司有何不同？》（百年以上続いている会社はどこが違うのか?） 田中真澄（著） 致知出版社（2015年）

《百年企業的條件——老店不懼變化》（百年続く企業の条件——老舗は変化を恐れない） 朝日新書 帝國徵信史料館・產業調查部（編） 朝日新聞出版社（2009年）

《老店企業的研究（修訂版）》（老舗企業の研究（改訂新版）） 橫澤利昌（編著） 生產性出版（2012年）

2038年

《伊色冷與美國的覺醒——挑戰人類的可能性》（*The Upstart Spring: Esalen and the Human Potential : The First Twenty Years*） 沃爾特・安德森（Walter Truett Anderson）（著） 伊藤博（譯） 誠信書房（1998年）

《無形的宗教——現代宗教社會學入門》（*The Invisible Religion: The Problem of Religion in Modern Society*） 湯瑪斯・盧克曼（Thomas Luckmann）（著） 赤池憲昭（譯） Yorudan社

《金錢2.0》（金錢2.0） 佐藤航陽（著） 幻冬舍（2017年）

《預見時代，創造機會 預測未來的方法》（時代を先読みし、チャンスを生み出す未来予想の技法） 佐藤航陽（著） Discover 21（2018年）

《智慧型手機變成神——勝過宗教的「資訊革命」力》（スマホが神になる——宗教を圧倒する「情報革命」の力） 角川新書 島田裕巳（著） KADOKAWA（2016年）

《成為宗教家（修訂版）》（宗教家になるには（改訂版）） 島田裕巳（著） Perikansha（2014年）

《宗教毀滅——資本主義與宗教一起滅亡》（宗教消滅——資本主義は宗教と心中する） 島田裕巳（著） SB creative（2016年）

全書

《10年後的工作方式——從「沒聽過這樣的工作！」掌握革新的預兆》（10年後の働き方——「こんな仕事、聞いたことない！」からイノベーションの予兆をつかむ）能力商業 曾我浩太郎／宮川麻衣子（著） Impress出版（2017年）

《2017年度 解讀動亂的世界局勢——緊急出版！日經大預測》（2017年度、動乱の世界情勢を読む——緊急出版！日経大予測） 日本經濟新聞社（編） 日本經濟新聞出版社（2017年）

《2030年雅克・阿塔利的未來預測——在不確定的世界中力求生存！》（2030年ジャック・アタリの未来予測——不確実な世の中をサバイブせよ！） 雅克・阿塔利（Jacques Attali）（著） 林昌宏（譯） 總統社（2017年）

《2030年的世界經濟——新興國家與已開發國家 共同領導的時代》（2030年の世界経済——新興国と先進国 共同リーダーシップの時代） 依凡・傑利雪夫（Ivan Tselichtchev）著 NTT出版（2014年）

《印出新世界：3D列印將如何改變我們的未來》（*Fabricated: The New World of 3D Printing*） 霍德・利普森（Hod Lipson）／梅爾巴・庫爾曼（Melba Kurman）（著） 賽迪研究院專家組（譯） 馥林文化（2014年）

《2040年所有商業模式消滅》（2040年全ビジネスモデル消滅） 文春新書 牧野知弘（著） 文藝春秋（2016年）

《2050年的世界——英國《經濟學人》的預測》（2050年の世界——英『エコノミスト』誌は予測する） 英國《經濟學人》編輯部（著） 船橋洋一（解說） 文藝春秋（2012年）

《2100年的典範轉移》（2100年へのパラダイム・シフト） 廣井良典／大井浩一（編） 作品社（2017年）

《進擊：未來社會的九大生存原則》（*Whiplash: How to Survive Our Faster Future*）

伊藤穰一／傑夫・浩爾（Jeff Howe）（著） 李芳齡（譯） 天下文化（2018年）

《波士頓諮詢公司的經營論點2018》（BCGが読む経営の論点2018） 波士頓諮詢公司（編） 日本經濟新聞出版社（2017年）

《ICT未來預測圖——關於自動駕駛、智慧都市、機器人的實現方式》（ICT未来予想図——自動運転、知能化都市、ロボット実装に向けて） 共立smart collection 土井美和子（著） 原隆浩（統籌） 共立出版（2016年）

《工業X.0——製造業的「數位價值」實現戰略 （*Industry X.0: Realizing Digital Value in Industrial Sectors*） 艾立克・薛伏法（Eric Schaeffer）（著） 井上大剛（譯） 日經BP社（2017年）

《未來的日本論點——日經大預測2017》（これからの日本の論点——日経大予測2017） 日本經濟新聞社（編） 日本經濟新聞社（2016年）

《2016~2030全球趨勢大解密：與白宮同步，找到失序世界的最佳解答》（*The Future, Declassified: Megatrends that will Undo the World Unless We Take Action*）馬修・巴洛斯（Mathew Burrows）（著） 洪慧芳（譯） 先覺（2015年）

《非典型破壞：西方不認識、資源大轉移的四個新世界顛覆力量》（*No Ordinary Disruption: The Four Global Forces Breaking All the Trends*） 理查・道博斯（Richard Dobbs）／詹姆士・曼宜伽（James Manyika）／強納生・渥策爾（Jonathan Woetzel）（著） 盧佳宜（譯） 大寫（2016年）

《打造世界的經濟活動——世界的結束和開始》（メガトレンド——世界の終わりと始まり） 川口盛之助（著） 日經BP社（2017年）

《富足：解決人類生存難題的重大科技創新》（*Abundance: The Future Is Better Than You Think*） 彼得・戴曼迪斯（Peter H. Diamandis）／史蒂文・科特勒（Steven Kotler）（著） 陳森（譯） 商周（2013年）

《驚愕！日本未來年表——知識分子所提出的日本警鐘與處方簽》（驚愕！ 日本の未

来年表――識者が語る日本への警鐘と処方箋）EI MOOK 木世出版（2017年）

《現代用語的基礎知識（2017）》（現代用語の基礎知識（2017））自由國民社（2016年）

《現代用語的基礎知識（2018）創刊70週年》（現代用語の基礎知識（2018）創刊70週年）自由國民社（2017年）

《柔軟個人主義：反抗大眾消費社會的新個人主義》（柔らかい個人主義の誕生――消費社会の美学）山崎正和（著）黃恆正（譯）陳正義（編）遠流（1988年）

《新視野2050――地球暖化、少子高齡化是可以克服的》（新ビジョン2050――地球温暖化、少子高齢化は克服できる）小宮山宏／山田興一（著）日經BP社（2016年）

《改變世界的100種新技術：掌握未來10年的關鍵產業，就能早一步勝出》（世界を変える100の技術――日経テクノロジー展望2017）日經BP社（編）楊毓瑩（譯）旗標（2018年）

《第四次工業革命》（*The Fourth Industrial Revolution*）克勞斯・施瓦布（Klaus Schwab）（著）世界經濟論壇北京代表處（譯）天下文化（2017年）

《誰改變了世界？――日本企業的未來預想圖》（誰が世界を変えるのか？――日本企業の未来予想図）西野嘉之（著）產業能率大學出版部（2017年）

《日本的未來100年年表　2018-2117的政治・社會・經濟・產業預測！》（日本の未来100年年表　2018-2117年の政治・社会・経済・産業を予測！）洋泉社MOOK 洋泉社（2017年）

《日本版產業4.0教科書――IoT時代的製造戰略》（日本版インダストリー4.0の教科書――IoT時代のモノづくり戦略）山田太郎（著）日經BP社（2016年）

《日本未來圖2030――20人的智慧所描繪出的國家形象》（日本未来図2030――

20人の叡智が描くこの国のすがた）　自由民主黨國家戰略本部（編）　日經BP社（2014年）

《不安的個人，站著不動的國家》（不安な個人、立ちすくむ国家）　經產省年輕工作者計畫（著）　文藝春秋（2017年）

Eurasian Publishing Group
圓神出版事業機構
用心與你對話．視野無限寬廣
先覺出版社
Prophet Press

www.booklife.com.tw
reader@mail.eurasian.com.tw

商戰 195

未來的賺錢方式：20年內最熱門的工作趨勢與跨界商機

作　　者／坂口孝則
譯　　者／吳怡文
發 行 人／簡志忠
出 版 者／先覺出版股份有限公司
地　　址／台北市南京東路四段50號6樓之1
電　　話／（02）2579-6600・2579-8800・2570-3939
傳　　真／（02）2579-0338・2577-3220・2570-3636
總 編 輯／陳秋月
主　　編／李宛蓁
責任編輯／林亞萱
校　　對／李宛蓁・林亞萱
美術編輯／林韋伶
行銷企畫／詹怡慧・黃惟儂
印務統籌／劉鳳剛・高榮祥
監　　印／高榮祥
排　　版／杜易蓉
經 銷 商／叩應股份有限公司
郵撥帳號／18707239
法律顧問／圓神出版事業機構法律顧問　蕭雄淋律師
印　　刷／祥峯印刷廠
2019年7月　初版

定價 380 元　　ISBN 978-986-134-344-0

在知識越來越多樣化的世界，換個說法就是「複雜系」的世界，橫貫、跨越、融合不同的領域，絕對是必要的。……不管是創造新商品，還是開啓新事業，都需要異質性的觀點。我由衷希望，本書不只能滿足大家的好奇心，更能成爲一個起點，讓讀者進入這個持續變化的世界，透過批判性的思考，找到未來的賺錢與競爭方式。

——坂口孝則，《未來的賺錢方式》

國家圖書館出版品預行編目資料

未來的賺錢方式：20 年內最熱門的工作趨勢與跨界商機／
坂口孝則 著；吳怡文 譯 .-- 初版 .-- 臺北市：先覺，2019.7
352 面；14.8×20.8 公分 --（商戰；195）
譯自：未来の稼ぎ方：ビジネス年表 2019-2038
ISBN 978-986-134-344-0（平裝）

1. 經濟預測　2. 趨勢研究　3. 日本

551.98　　108008215